(15 juillet 1821.)

CATALOGUE

DES LIVRES DE FONDS ET D'ASSORTIMENT QUI SE TROUVENT CHEZ ACHILLE JOURDAN, LIBRAIRE,

RUE GIT-LE-COEUR, n° 4, PRÈS LE QUAI DES AUGUSTINS, A PARIS.

AVIS A MM. LES LIBRAIRES DES DÉPARTEMENS.

M.

J'AI *l'honneur de vous adresser le catalogue des livres de ma librairie. Tous les articles de ce catalogue sont portés* aux prix nets *auxquels je puis vous les fournir. Afin de vous engager à y faire un choix, j'ai eu soin de ne coter que des* prix extrêmement modérés, *et qui vous laissent de grands bénéfices.*

Je vous accorderai un crédit de six mois *pour les envois de* 200 *à* 300 *francs;* six *et* huit *mois pour ceux de* 400 *francs;* six, huit, dix *et* douze mois *pour ceux de* 600 *francs et au-dessus. Vous voudrez bien m'adreser vos billets pour le montant de mes envois, aussitôt après réception;* faute de quoi je ferai traite sur vous aux époques ci-dessus désignées. *S'il vous convient mieux de payer comptant en papier sur Paris, vous obtiendrez la remise de six pour cent.*

L'emballage en toile et paille est à ma charge; il est essentiel d'indiquer la voie par laquelle vous désirez que l'expédition soit faite.

Les reliures, articles de commission et caisses, se paient comptant.

Ne donnant pas à Paris aux mêmes conditions les livres de ce catalogue, MM. les libraires des départemens doivent s'adresser directement à moi, et ceux avec qui je ne suis pas encore en relation d'affaires, qui désireraient jouir du crédit ci-dessus indiqué, sont priés, en me faisant leur demande, de m'indiquer une maison de cette ville près de laquelle je puisse prendre les renseignemens d'usage.

Certain, M que vous n'aurez qu'à vous louer des relations qui pourront s'établir entre nous, je vous prie de m'honorer de vos demandes.

J'ai l'honneur de vous saluer.

Achille Jourdan,

Ancien Voyageur de M. Ledoux.

DIVISION DE CE CATALOGUE.

SOUS PRESSE.

GIBBON (le) DE LA JEUNESSE, ou Histoire abrégée de la Décadence et Chute de l'Empire romain, traduite de l'anglais d'*Édouard Gibbon*. Analyse succincte et raisonnée de ce grand ouvrage, précédée d'une notice historique sur la vie et le caractère de Gibbon, accompagnée de notes historiques et critiques, suivie d'une table analytique des matières; par *J.-F. Fontaine*, ancien professeur. Ouvrage mis à la portée de la jeunesse, et orné de jolies gravures. 2 vol. in-12 de 5 à 600 pages, imprimés avec soin.

ENCYCLOPÉDIE DOMESTIQUE, ou Recueil de plus de 6000 procédés utiles, recueillis dans les ouvrages spéciaux de MM. Appert, Chaptal, Thouin, Rozier, Huzard, Fourcroy, Virey, Sonini, etc., etc., sur la Médecine, la Pharmacie, l'Hippiatrique, l'Économie domestique, la Cuisine, la Parfumerie, l'Agriculture, le Jardinage, la Chasse, la Pêche, et enfin tout ce qui peut être utile et agréable dans la vie. 3 gros vol. in-8. de 500 pages chacun, imprimés en caractères petit-romain neuf. 15 fr. p. 18 fr.

LIVRES DE FONDS OU EN NOMBRE.

ABRÉGÉ DU TRAITÉ THÉORIQUE ET PRATIQUE SUR LA CULTURE DE LA VIGNE, avec l'Art de faire le Vin, les Eaux-de-Vie, Esprit-de-Vin, Vinaigres simples et composés; par MM. Chaptal, Rozier, Parmentier et Dussieux; publié par *J.-L. Roard*, directeur des teintures des manufactures impériales. Ouvrage destiné aux propriétaires de vignes, dans lequel on a réuni les découvertes les plus nouvelles sur la fermentation, les moyens d'améliorer les vins de médiocre qualité; les procédés les plus en usage pour prévenir et corriger les maladies du vin; un alambic et un fourneau de nouvelle construction, au moyen desquels on économise d'une manière remarquable le combustible, et on abrége le temps employé à la distillation des eaux-de-vie; avec deux planches. 1 vol. in-8. *Paris*, 3 fr. p. 4 fr. 50 c.

ACANTHOLOGIE, ou Dictionnaire Épigrammatique, recueil, par ordre alphabétique, des meilleures épigrammes sur les personnages célèbres, et principalement sur ceux qui ont marqué depuis le commencement de la révolution; par *Fayolle*. 1 fort vol. in-12. *Paris*, 1817. 2 p. 3 fr.

ASTRONOMIE DES DAMES, par *Jérôme de Lalande*, sixième édition. *Paris*, 1821. 1 volume in-18, figures. 1 fr. p. 1 fr. 50 c.

AVENTURES (les) DE TÉLÉMAQUE, FILS D'ULYSSE, par *F. Salignac de la Mothe Fénélon*. 2 vol. in-12, jolie édition ornée de 10 belles vignettes. 3 fr. 50 p. 6 fr.

AVENTURES (les) DE TÉLÉMAQUE, FILS D'ULYSSE, par *F. Salignac de la Mothe Fénélon*, archevêque de Cambray. Nouvelle édition, augmentée d'un discours sur la poésie épique, et de notes pour l'intelligence de la partie géographique et de la mythologie. Jolie édition bien imprimée. 2 vol. in-12 ornés de 24 vignettes en taille-douce et du portrait de l'auteur. *Paris*, 1813. 4 p. 6 fr.

BUFFON (le nouveau) de la Jeunesse, ou Petit Cours complet d'histoire naturelle, divisé par entretiens propres à familiariser les jeunes gens avec l'histoire générale des oiseaux et des quadrupèdes des quatre parties du monde; avec la Minéralogie, la Botanique, les Mœurs, Coutumes et Usages des différens peuples du globe; ouvrage contenant un grand nombre d'observations curieuses et d'anecdotes amusantes, recueillies dans les voyages les plus estimés; précédé de Notions claires et précises sur l'astronomie et l'histoire de la terre; suivi d'une table analytique des matières, contenant plus de 2000 espèces d'animaux, oiseaux, plantes, etc., etc., décrites dans ce cours rédigé d'après la méthode de Buffon. 5 vol. in-12, ornés de 400 fig. en taille-douce. *Paris*, 1821. 12 fr. p. 18 fr.

CHARLES IX ET HENRI VIII, par *Chénier*. *Paris*, an VII. 1 vol. in-18, belle édition imprimée par *Didot*. 2 fr. p. 3 fr.

CONSIDÉRATIONS SUR LES CAUSES DE LA GRANDEUR ET DE LA DÉCADENCE DES ROMAINS, par *Montesquieu*. 1 vol. in-18, nouvelle édition. *Paris*, 1817. 1 fr. p. 1 fr. 50 c.

CONTES (les nouveaux) DES FÉES, par *Ducray-Duminil*; contenant la Coquille de noix ou la Fée Barbotte, — le Prince Grichon, — la Porte des Grandeurs, — Grand Coco, — le Géant Péri-Féri-Geri-Lérimini, — l'Ile de Cristal, — Catelinette, — Lady Tempête, — la Belle toujours filant, — les trois Démons, — Farfadet blanc, — Grippe-Saucisse, — Joliette et Gentillette, — Royaume des Papouffes, — Règne de Ventru, — Règne de Candor premier, — Biscotin, — la Maison volante, — Gourmandinette, etc. 4 vol. in-18 ornés de 16 gravures. *Paris*, 1821. 4 fr. 50 c. p. 6 fr.

LE MÊME OUVRAGE avec le même nombre de gravures. 3 vol. in-12. 5 fr. p. 7 fr. 50 c.

NOUVEAU DICTIONNAIRE DE LA LANGUE FRANÇAISE, le plus portatif et le plus complet, ou Manuel d'orthographe et de prononciation, par M. Marguery, professeur de belles-lettres. 1 gros vol. in-18. Paris, 1818. 3 fr. p. 6 fr.

LE MÊME OUVRAGE bien relié en basane. 4 fr. p. 7 fr.

Ce Dictionnaire contient une nomenclature à peu près du double plus étendue que celle de l'Académie, étant composé, 1°. de tous les mots compris dans les divers Dictionnaires qui ont paru jusqu'à ce jour; 2°. d'une grande quantité de mots recueillis dans les ouvrages historiques, dans les journaux, etc., qui n'avaient encore été classés dans aucun Vocabulaire; 3°. des mots nouveaux et des mots rajeunis; et enfin de tous ceux qui, malgré la fréquence de leur usage, ont néanmoins été omis dans tous les Dictionnaires, tels que les suivans : *Bouffe*, *discrétionnaire*, *flâner*, *ramonage*, *sociétaire*, *spencer*, *suicider*, *tulle*, etc. Mais pour empêcher que cette nombreuse nomenclature n'égarât les jeunes écrivains, et afin que ce Dictionnaire pût faire autorité comme celui de l'Académie, on a marqué d'un astérique (*) tous les mots que ce dernier ne donne point.

Enfin, tous les soins qu'on a mis à la confection de ce Dictionnaire qui est vraiment *le plus portatif et le plus complet*, ont eu pour objet d'en faire le *vade-mecum* des gens de lettres, des hommes de loi, des commerçans, des employés, des étudians, etc., et généralement de toutes les personnes qui écrivent.

DICTIONNAIRE HISTORIQUE DES BATAILLES, SIÉGES ET COMBATS DE TERRE ET DE MER, qui ont eu lieu pendant la Révolution Française; suivi d'une table chronologique au moyen de laquelle on peut rétablir les faits dans leur ordre naturel, et d'une table alphabétique des noms des Militaires et des Marins français et étrangers qui se sont distingués et qui sont cités dans cet ouvrage. Par une société de Militaires et de Marins. 4 gros vol. in-8. 18 fr. p. 28 fr.

LE MÊME OUVRAGE, bien relié en basane. 23 fr p. 34 fr.

LE MÊME OUVRAGE, papier vélin. 30 fr. p. 56 fr.

De tous les ouvrages relatifs aux guerres de la révolution, ce dictionnaire est, jusqu'à ce moment, *le seul qui soit terminé*, et c'est certainement l'un de ceux qui ont obtenu le plus de succès. L'historique des batailles, siéges, et combats de terre et de mer, y est donné dans les plus grands détails, et l'on y a recueilli avec soin tous les actes de dévouement et d'héroïsme, les mots heureux, les traits de grandeur d'âme, de désintéressement, d'humanité dont le soldat français a donné de si nombreux exemples, pendant ces vingt-cinq années consécutives de guerres et de triomphes.

Au récit des événemens les auteurs ont joint leurs réflexions sur les causes qui ont décidé la victoire, sur la tactique et le génie particulier de nos principaux capitaines, sur les fautes qui ont été commises; ils ont tiré de ces faits des notions auxquelles ils ont donné tous les développemens nécessaires.

Ce livre offre donc à la fois une lecture intéressante pour les lecteurs curieux de connaître tous les hauts faits de nos guerriers, et utile aux personnes qui ont embrassé la carrière des armes ou qui s'y destinent.

DICTIONNAIRE GÉOGRAPHIQUE, ou Description de toutes les Parties du monde; par *Vosgien*. Nouvelle édition, entièrement refondue, revue et corrigée avec le plus grand soin, d'après les Traités de paix et les changemens politiques survenus jusqu'à ce jour; augmentée de la nomenclature de tous les Chefs-lieux de canton, et d'un grand nombre d'autres endroits connus, omis dans les éditions précédentes; de l'indication exacte des Foires et Marchés de France et autres pays d'Europe, et de toutes les sortes de marchandises qui y sont exposées; de la valeur réelle et comparative des Monnaies, des Poids et des Mesures français et étrangers; des distances légales en kilomètres, et de celles en lieues communes des villes, bourgs et villages de France, soit aux chefs-lieux de département ou d'arrondissement, soit aux bureaux de poste; de la désignation des Relais, et des lieux par lesquels doivent être adressées les lettres pour les endroits où il n'y a pas de bureau de poste, et de renseignemens précis sur la nécessité ou la liberté de l'affranchissement des lettres de France pour l'étranger; etc. etc. 1 gros vol. in-8., avec sept cartes neuves, et plusieurs planches représentant les Pavillons des principales Puissances maritimes, et les Monnaies françaises et étrangères; par M. *Goigoux*. Paris, 1821. 5 fr. p. 9 fr.

DICTIONNAIRE UNIVERSEL DE LA LANGUE FRANÇAISE, avec la prononciation figurée; par *Gattel*. Troisième édition, revue, corrigée et augmentée : 1°. des Termes de tous les arts et de toutes les sciences avec leurs définitions; 2°. des Étymologies de tous les mots dérivés des langues anciennes et modernes puisées dans les meilleures sources; 3°. d'un extrait des Synonymes français d'après Girard, Beauzée, Roubaud, etc.; 4°. d'une méthode de prononciation aussi sûre que facile, appliquée à tous les mots de la langue; 5°. des Mots nouveaux et des autres changemens introduits dans la langue française, soit que l'usage les ait adoptés ou non; 6°. d'un relevé critique et raisonné des fautes échappées aux écrivains les plus célèbres, et dont les noms peuvent faire autorité. 2 gros vol in-8. formant 1800 pages, imprimés sur papier grand raisin d'Annonay. Lyon, 1819. 13 fr. 50 p. 24 fr.

DICTIONNAIRE LYRIQUE D'AMOUR, composé des meilleures pensées, chansons, romances, sur les plaisirs, peines, faiblesses, malices, regrets, ruses d'amour; par les meilleurs auteurs anciens et modernes. 1 vol. in-12 orné d'une jolie vignette et titre gravé. Paris, 1821. 2 fr. p. 3. fr.

ESPRIT DES LOIS, par *Montesquieu*; nouvelle édition. 5 vol. in-18, 1819. 4 fr. p. 8 fr.

FABLES DE LA FONTAINE, 2 vol. in-18, nouvelle édition, 1817. 1 fr. 25 c. p. 2 fr.

FÊTES (les) DES ENFANS, ou Recueil de petits Contes moraux propres à former le cœur des enfans; contenant : la leçon du grand-père, — le petit maître Jacques, — Séverin, ou la belle-mère, — Eugène, ou la cupidité, — le Retour du bal, — Nancy, — les œufs de Pâques, — le Diner par cœur, — le Champ de la pauvre veuve, — la Fête-Dieu, — le Procès des écoliers, — Deux mois au Château; — Fêtes de Saint-Cloud, Sèvres, Meudon; — la Leçon des petits écoliers, — les Enfans vertueux, — Perette et son fils; par *Ducray-Duminil*. 3 vol. in-18. ornés de 12 gravures; 5e. édition. *Paris*, 1821. 3 fr. p. 4 fr. 50 c.

Le même ouvrage, avec le même nombre de gravures. 2 vol. in-12. 3 fr. p. 5 fr.

HENRIADE, (la) poëme par *Voltaire*. 1 vol. in-18; nouvelle édition, 1817. 1 fr. p. 1 fr. 50 c.

HISTOIRE DU BAS EMPIRE, en commençant à Constantin-le-Grand; par M. *Lebeau*, professeur d'éloquence au Collége Royal, secrétaire perpétuel de l'Académie des inscriptions et belles lettres; continuée par M. *Ameilhon*, membre de l'Institut. Suivie d'une table alphabétique de l'Histoire du Bas Empire, enrichie de réflexions politiques, morales, critiques, et des faits les plus intéressans contenus dans cet ouvrage; par Ravier, libraire; en tout 30 vol. in-12, bonne édition. *Paris*, Desaint. 48 fr. p. 83 fr.

HISTOIRE DE JEANNE D'ALBRET, reine de Navarre et mère d'Henri IV; par Mademoiselle *de Vauvilliers*. Ouvrage contenant un grand nombre de pièces inédites et d'anecdotes curieuses relatives à Henri IV, la cour de Médicis et le massacre de la Saint-Barthélemy; suivie d'une table analytique des matières et la nomenclature de tous les manuscrits de la bibliothèque royale où ont été puisés tous les matériaux pour écrire cette histoire. 3 gros volumes in-8. bien imprimés sur carré fin d'Auvergne, orné d'un beau portrait de Jeanne d'Albret. *Paris*, 1821. 14 fr. p. 18 fr.

Il a été tiré un exemplaire unique sur grand papier vélin, portrait avant la lettre. 40 fr. p. 50 fr.

Le portrait tiré sur grand in-8, avant la lettre. 1 fr. 50 c. p. 2 fr.

Id. Sur papier de Chine. 4 fr. p. 5 fr.

HISTOIRE DE MANON LESCAUT ET DU CHEVALIER DESGRIEUX; par l'abbé *Prévost*; nouvelle édition, 1 vol. in-18, 1817. 1 fr. p. 2 fr.

HISTOIRE DES RÉVOLUTIONS D'ANGLETERRE DEPUIS LA MONARCHIE; par le père *d'Orléans*. 4 gros vol. in-8, cartes. *Paris*, Bastien. 10 fr. p. 15 fr.

HISTOIRE DES RÉVOLUTIONS ROMAINES; par l'abbé de *Vertot*. 4 vol. in-18, nouvelle et jolie édition. *Paris*, 1819. 4 fr. 50 c. p. 7 fr.

LETTRES SUR LA GRÈCE, pour servir de suite à celles sur l'Égypte; par M. *Savary*; nouvelle édition, ornée d'une carte géographique, 1 vol. in-8. *Paris*. 2. fr. p. 3 fr.

MÉLANGES DE LITTÉRATURE ET DE CRITIQUE; par M. *Charles Nodier*; mis en ordre et publiés sous sa direction par M. *Alexandre Barginet*, de Grenoble; ouvrage contenant un grand nombre d'articles critiques et littéraires sur les principaux ouvrages de nos auteurs célèbres. 2 gros vol. in-8. *Paris*, 1820. 10 fr. p. 12 fr.

Cet intéressant recueil est un des plus variés qui existent; l'érudition et l'élégance du style de son auteur lui assurent le succès qu'ont obtenu tous ses précédens ouvrages.

ODYSSÉE d'*Homère*, traduite en français par madame *Dacier*. *Paris*, 1817. 3 vol. in-18, jolie édition. 3 fr. p. 4 fr. 50 c.

OPUSCULES POÉTIQUES, par Mr. *Dufresnoy*, avec des notes et une relation historique sur les journées des 2 et 3 septembre 1792, par M. l'abbé *Sicard*; *Paris*, Art. Bertrand. 1 vol. in-18, grand raisin vélin, superbe édition. 2 fr. p. 4 fr.

OEUVRES CHOISIES DE BEAUMARCHAIS, précédées d'une notice sur sa vie et ses ouvrages; par M. *Ourry*. 4 vol. in-18. 1819. 5 fr. p. 8 fr.

OEUVRES CHOISIES DE DESTOUCHES, précédées d'une notice sa vie et ses ouvrages; par M. *Ourry*. 4 vol. in-18. *Paris*, 1820. 5 fr. p. 8. fr.

OEUVRES DE GILBERT, nouvelle édition, précédée d'une notice sur sa vie et ses ouvrages; par M. *Charles Nodier*. 1 gros vol. in-18, orné du portrait de Gilbert, 1821. 1 fr. 25 p. 2 fr.

OEUVRES DE JEAN RACINE, contenant son théâtre et ses poésies, précédées d'une notice sur sa vie et ses ouvrages; par M. *Ch. Nodier*. 4 vol. in-18, jolie édition, ornée de 12 figures et du portrait de Racine. *Paris*, 1820. 5 fr. 50 c. p. 9 fr.

PANDECTES (les) françaises, ou Commentaires raisonnés sur le code civil. Par M. *J.-B. Delaporte*, ancien avocat. Seconde édition, soigneusement corrigée par l'auteur qui a fait usage de la jurisprudence, en rapportant les décisions intervenues dans les cours, sur les questions les plus importantes au xquelles ce code à donné lieu jusqu'à présent. 7 gros vol. in-8. *Paris*, 1819. 28 f. p. 45 fr.

PARIS, SAINT-CLOUD ET LES DÉPARTEMENS, ou Bonaparte, sa famille et sa cour: recueil d'anecdotes relatives aux personnages qui ont figuré depuis le commencement de la révolution française jusqu'au 20 mars 1815; par un chambellan forcé à l'être; deuxième édition. 3 gros vol. in-8. *Paris*, 1820. 10 fr. p. 15 fr.

Le succès qu'a obtenu la première édition nous fait présager le débit rapide de la seconde.

PETIT CARÊME DE MASSILLON, ÉVÊQUE DE CLERMONT: nouvelle édition. 1 vol. in-18. *Paris*. 1817. 75 c. p. 1 fr. 20 c.

POÉSIES DE LA PRINCESSE CONSTANCE DE SALM; deuxième édition. *Paris*, 1817. 1 vol in-8., de l'imprimerie de *Firmin Didot*. 4 fr. p. 5 fr.

PRÉCIS, ou histoire abrégée des guerres de la révolution française; par une société de militaires, sous la direction de M. Tissot, professeur de poésie latine au collége de France. 2 gros vol. in-8. *Paris*, 1821. 10 fr. p. 12 fr.

Le *Constitutionel* du 22 mars 1821 s'exprime ainsi: « Un ouvrage qui embrasse une période de vingt-trois ans doit » exciter l'attention des Français amis de leur pays. On trouve dans le *Précis des guerres de la révolution* les grands » traits de notre histoire militaire, les créations du génie, les batailles mémorables, les hautes réputations, les actions » d'éclat, tous les noms sortis de la foule, soit parmi les généraux, soit parmi les soldats; et cependant les auteurs ont eu » un soin constant de rapporter la gloire de nos armes à la nation, et non pas seulement à quelques hommes. Sous ce rap» port, leur ouvrage a un caractère remarquable et digne du temps où nous vivons. »

RELIGION (la), poëme; par *Louis Racine*, suivi du poëme de la Grâce et des Odes sacrées du même auteur; nouvelle édition augmentée d'un jugement et d'une épitre en vers de *J.-B. Rousseau*, sur le poëme de la Religion. 1 vol. in-8, imprimé sur beau papier. 1820. 3 fr. 50 c. p. 5 fr.

Le même ouvrage, papier vélin. 5 fr. p. 8 fr.

SAISONS (les), poëme traduit de l'anglais, de Thompson, par *J.-P.-F. Deleuze*; précédées d'une notice sur la vie et les écrits de Thompson, ainsi que de plusieurs lettres à sa famille et à ses amis. 1 fort vol. in-18 imprimé, avec soin, sur beau papier grand raisin, nouvelle édition ornée d'une jolie gravure de Roger. *Paris*, 1821. 2 fr. p. 3 fr.

Le même ouvrage bien relié en basane, filets, tranche dorée. 3 fr. 50 c. p. 5 fr.

Le même ouvrage bien relié en veau, filets, dorés sur tranche. 4 fr. 25 c. p. 6. fr.

Le même ouvrage imprimé sur papier grand raisin vélin, figure avant la lettre, broché. 4 fr. p. 6 fr.

Le même ouvrage bien relié en veau, filets, doré sur tranche, par *Doll*. 7 fr. p. 9 fr.

Le mérite de cette traduction est assez connu, puisque trois éditions viennent de se suivre rapidement; le cuivre de la vignette a été brisé, et il reste fort peu d'exemplaires des figures à ma diposition.

SOIRÉES (les) **SOUS LE VIEUX TILLEUL**, ou Petit Cours de Morale en exemples, et choix d'historiettes destinées à l'amusement et à l'instruction de la jeunesse; imitation de l'Allemand de *J.-H. Campe*; par M. *Breton*, 2 vol. in-18. ornés de jolies figures. *Paris*, 1821. 2 fr. p. 3 fr.

TABLEAU HISTORIQUE ET POLITIQUE DES OPÉRATIONS MILITAIRES ET CIVILES DE BONAPARTE, premier consul de la république française, orné de son portrait; par *J. Chas*, de Nimes; ouvrage dédié à madame Bonaparte. 1 vol. in-8. *Paris*, Arthus Bertrand. 2 fr. p. 4 fr.

VOCABULAIRE DE L'ACADÉMIE FRANÇAISE, contenant: 1°. la nomenclature des mots de la dernière édition du *Dictionnaire de l'Académie*, ses définitions, acceptions, locutions nobles, familières ou proverbiales usitées; 2°. la concordance grammaticale ou le régime des mots; l'indication de leur emploi par des exemples selon les différens styles, *soutenu*, *figuré*, *familier*, etc.; 3°. un grand nombre de mots généralement reçus, mais qui ne se trouvent pas dans le Dictionnaire de l'Académie; 4°. les termes nouveaux propres aux sciences et arts, manufactures, métiers; 5°. la prononciation abrégée, toutes les fois qu'elle est douteuse ou irrégulière; 6°. un modèle de la conjugaison des verbes réguliers et irréguliers; *nouvelle édition*, revue, corrigée et considérablement augmentée, par *J. D. Goigoux*. 1 fort vol. in-8. *Paris*, 1820. 4 fr. 75 c. p. [illegible] fr.

Ayant acquis de M. Raymond la totalité des 1er. 2e. et 3e. Voyages du capitaine Coock, in-8. et in-4, ainsi que les 1er. et 2e. atlas, je pourrai seul compléter les personnes à qui l'un de ses voyages manquerait. Il ne reste qu'un très-petit nombre de ces parties séparées, ainsi que des Atlas, néanmoins je pourrai les passer à un prix très-modique, et pour qu'on puisse en juger, j'ai rapporté à côté de mon prix celui porté dans la dernière édition de la Bibliographie de M. Brunet. Il me reste encore quelques exemplaires de l'ouvrage complet, formant en tout 18 vol. in-8 et atlas de 118 figures.

Ce superbe ouvrage ne peut manquer de devenir très-rare et cher, vu le petit nombre d'exemplaires qui restent de ces voyages.

PREMIER VOYAGE. Relation des voyages entrepris par ordre de S. M. britannique, pour faire des découvertes dans l'hémisphère méridional, et successivement exécutés par le commodore Byron, le capitaine Carteret, le capitaine Wallis et le capitaine Cook, dans les vaisseaux le Dauphin, le Swalow et l'Endeavour, rédigée d'après les journaux rédigés par les différens commandans, et les papiers de M. Banks; par J. Hawkesworth; traduit de l'anglais par *Suard*. *Paris*, 1774. 4 vol. in-4. avec un atlas composé de 52 planches représentant les plans, cartes, portraits, vues de pays, etc., etc., dessinées pendant l'expédition. 30 fr. p. 60 fr.

Le prix porté dans le Dictionnaire bibliographique est de 40 à 48 fr.

Le même ouvrage sans l'atlas, 20 fr. p. 40 fr.

L'atlas in-4. cartonné séparément, 10 fr. p. 20 fr.

DEUXIÈME VOYAGE. Voyage dans l'hémisphère austral et autour du monde, fait sur les vaisseaux du roi, l'Aventure et la Résolution, en 1772, 1773, 1774 et 1775; écrit par *Cook*, commandant la Résolution, dans lequel on a inséré la relation du capitaine *Furneaux* et celle de MM. *Forster*; traduit de l'anglais par *Suard*. *Paris*, 1778. 4 vol. in-4. avec un atlas composé de 66 pl. in-fol. et in-4. représentant un grand nombre de plans, cartes, productions, ports, vues de pays, etc., etc., dessinées pendant l'expédition par *Hodges*. 36 fr. p. 70 fr.

Le prix porté dans le Dictionnaire bibliographique est de 60 à 66.

Le même ouvrage, sans atlas. 26 fr. pr. 50 fr.

L'atlas in-4. cartonné, 66 planches, se vend séparément 15 fr. p. 30 fr.

Le même ouvrage. *Paris*, 1792. 6 vol. in-8. atlas. 25 fr. p. 50 fr.

— sans l'atlas. 15 fr. p. 30 fr.

TROISIÈME VOYAGE de Cook, ou Voyage à l'Océan pacifique, ordonné par le roi d'Angleterre pour faire des découvertes dans l'hémisphère du nord, pour déterminer la position et l'étendue de la côte ouest de l'Amérique septentrionale, sa distance de l'Asie, et résoudre la question du passage du nord, exécuté sous la direction des capitaines Cook, Clarke et Gore, sur les vaisseaux la Résolution et la Découverte, en 1776, 1777, 1778, 1779 et 1780; traduit de l'anglais par *Demeunier*. *Paris*, 1785; *édition originale*. 4 très-gros vol. in-8. 15 fr. p. 30 fr.

Le même ouvrage, 4 très-gros vol. in-8. *Paris*, 1820. 20 fr. p. 30 fr.

LES TROIS VOYAGES DU CAPITAINE COOK, comprenant: Premier voyage, Relation des voyages entrepris pour faire des découvertes dans l'hémisphère méridional, et successivement exécutés par le commodore Byron, le capitaine Carteret, le capitaine Wallis et le capitaine Cook, sur les vaisseaux le Dauphin, le Swalow et l'Endeavour; traduit de l'anglais par *Suard*. 8 vol. in-8. — Deuxième voyage, ou Voyage dans l'hémisphère austral et autour du monde, fait sur les vaisseaux l'Aventure et la Résolution, en 1772, 1773, 1774 et 1775, écrit par *J. Cook*, commandant la Résolution, dans lequel on a inséré la relation du capitaine *Furneaux* et celle de MM. *Forster*; traduit de l'anglais par *Suard*. 6 vol. in-8. — Troisième Voyage, ou Voyage à l'Océan pacifique pour faire des découvertes dans l'hémisphère nord, pour déterminer la position et l'étendue de la côte ouest de l'Amérique septentrionale, sa distance de l'Asie, et résoudre la question du passage au nord, exécuté sous la direction des capi- Cook, Clarke et Gore, sur les vaisseaux la Résolution et la Decouverte, en 1776, 1777, 1778, 1779 et 1780; traduit de l'anglais par *Demeunier*. 4 vol. in-8. En tout 18 vol. in-8., ornés de deux atlas composés de 118 gravures. 65 fr. p. 140 fr.

VOYAGE DE LA PEYROUSE AUTOUR DU MONDE, publié conformément au décret du 22 avril 1791, et rédigé par M. *L.-A. Milet-Mureau*, général de brigade dans le corps du génie, directeur des fortifications, ex-constituant, membre de plusieurs sociétés littéraires de Paris. 4 gros vol. in-4. grand papier, et atlas in-folio composé d'un grand nombre de cartes et figures, bonnes épreuves. *Paris*, 1797. 140 fr. p. 200 fr.

NOUVEAUTÉS.

ABRÉGÉ DE L'HISTOIRE GÉNÉRALE DES VOYAGES, contenant ce qu'il y a de plus utile et de mieux avéré dans les pays où les voyageurs ont pénétré; les mœurs des habitans, etc., etc.; par *J.-F. Laharpe*; nouvelle édition, revue et corrigée par M. *Eryès*. 24 vol. in-8., et atlas in-fol. de 15 cartes coloriés. *Paris*, 1821. 108 fr. p. 144 fr.

ABRÉGÉ DE l'ORIGINE DE TOUS LES CULTES; par *Dupuis;* nouvelle édition. 1 gros volume in-8. *Paris*, 1820. 4 fr. 50 c. p. 6 fr.

AMINTA DI TORQUATO TASSO; 1 vol. in-32, imprimé par M. Pierre Didot l'aîné, sur beau papier vélin satiné, et orné d'une jolie gravure. *Paris*, 1819. 1 fr. 20 c. p. 1 80 c.

AMOURS (les) DE FAUBLAS; par *Louvet de Couvray;* nouvelle édition. 4 vol. in-8, imprimés par *Firmin Didot*, sur papier superfin satiné, et orné de 8 gravures, dessinées par *Collin*. *Paris*, 1821. 21 fr. p. 25 fr.

ANNALES LITTÉRAIRES, OU CHOIX CHRONOLOGIQUE DES PRINCIPAUX ARTICLES DE LITTÉRATURE insérés par M. *Dussault* dans le *Journal des Débats*, depuis 1800 jusqu'à 1817 inclusivement; recueillis et publiés par l'auteur des *Mémoires historiques* sur Louis XVII; 4 gros volumes in-8. 22 fr. p. 28. fr.

ANNUAIRE DE L'ÉCOLE FRANÇAISE DE PEINTURE, ou LETTRES SUR LE SALON DE 1819; par M. *Kératry*, orné de cinq estampes en taille-douce, d'après les tableaux de MM. *Girodet*, *Hersent*, *Picot*, *Horace Vernet*, *Vatelet*, et sur les dessins fournis par les mêmes auteurs, gravées par MM. *Massard* et *A. Leclerc*. 1 vol. in-12. 4 fr. p. 5. fr.

ARITHMÉTIQUE DE BEZOUT, suivie des principes fondamentaux de l'Arithmétique, de toutes les règles de commerce, etc.; par *Peyrard*; 9e. édition. 1 vol. in-8. *Paris*, 1819. 2 fr. p. 3 fr.

ATLAS DE GÉOGRAPHIE MODERNE DES CINQ PARTIES DU MONDE, composé de trente-deux cartes coloriées, dressées d'après les derniers traités de Paris; par M. *Maire;* précédé d'un précis de Géographie moderne et de notions sur la sphère; par Mme. *Tardieu de Nesle*. 1 vol. in-8., format d'atlas, cartonné. *Paris*, 1820. 8 fr. p. 12 fr.

ATLAS (petit) DE POCHE, composé de 32 cartes coloriées, dressé par M. *Maire*. 1 vol. in-18. *Paris*, 1821. 4 fr. p. 6 fr.

ATLAS PORTATIF, composé de 32 cartes coloriées, dressées par *Maire*; précédé de notions géographiques sur la sphère; par Mme. *Tardieu de Nesle*. 1 vol. in-8 oblong. 1821. 8 fr. pour 12 fr.

BACHELIER (le) DE SALAMANQUE, ou Mémoires et Aventures de don Chérubin de la Ronda; par *Lesage*; nouvelle édition imprimée chez *Didot* le jeune, sur beau papier et gros caractères. 2 vol. in-12 ornés de 6 jolies vignettes gravées d'après le dessin de Choquet. *Paris*, 1821. 5 fr. 50 c. p. 8 fr.

LE MÊME OUVRAGE. 2 vol. in-18, mêmes gravures. *Paris*, 1821. 3 fr. p. 4 fr. 50 c.

BÉDOUINS (les) ou Arabes du désert; ouvrage publié d'après les notes inédites de don *Raphaël*, sur les mœurs, usages, lois, coutumes civiles et religieuses de ces peuples; par F.-J. *Mayeux*, et orné de 24 jolies vignettes dessinées par Fr. *Massard*. *Paris*, 3 vol. in-18, fig. noires. 8 fr. p. 10 fr.

LES MÊMES, fig. coloriées avec le plus grand soin. 12 fr. p. 15 fr.

CABARETS (les) DE PARIS, ou l'Homme peint d'après nature; par un dessinateur au charbon et un enlumineur à la litharge. Petits tableaux de mœurs philosophiques, galans, comiques, mêlés de couplets et de diverses poésies légères. 1 vol. in-18 orné de quatre charmantes vignettes. *Paris*, 1821. 2 fr. 25 c. p. 2 fr.

CARACTÈRES (les) DE LABRUYÈRE, suivis des Caractères de Théophraste; traduits du grec par le même. 2 vol. in-8, belle édition imprimée par *Didot* l'aîné, et orné du portrait de Labruyère. *Paris*, Lefèvre, 1818. 10 fr. p. 15 fr.

CAROLINE DE LICHTFIELD; par madame *De Montolieu*; troisième édition. 3 vol. in-12, ornés de jolies gravures et de la musique des romances. 5 fr. 50 c. p. 7 fr. 50 c.

CENSEUR (le), amalgam littéraire, critique, moral et philosophique, par une société de gens de lettres, et publié par *J. Dusaulchoy*. *Paris*, 1817. 2 gros volumes in-12. 3 fr. 75 c. p. 5 fr.

CHARLATANS (les) CELÈBRES, ou Tableau historique des bateleurs, baladins, jongleurs, bouffons, opérateurs, voltigeurs, escamoteurs, filous, escrocs, devins et diseurs de bonne aventure, et généralement de tous les personnages qui se sont rendus célèbres dans les rues et sur les places publiques, depuis la plus haute antiquité jusqu'à nos jours. 2 vol. in-8°; deuxième édition. 1820. 7 fr. p. 10 fr.

CINQ CODES (les), nouvelle édition entièrement conforme à l'édition originale de l'imprimerie royale; avec des notes qui relatent les diverses abrogations ou modifications y apportées par des lois subséquentes, telles que celles qui abolissent le divorce, le droit d'aubaine, etc.; précédés de la charte constitutionnelle, de celle sur le recrutement de l'armée, etc., etc. 1 gros volume in-18, imprimé avec soin sur beau papier. *Paris*, 1820. 2 fr. p. 3 fr.

CITATEUR (le), par M. *Pigault-Lebrun*, 2 vol. in-12. 4 fr. p. 6 fr.

COLLECTION ABRÉGÉE DES VOYAGES ANCIENS ET MODERNES AUTOUR DU MONDE, avec des extraits des autres voyageurs les plus célèbres et les plus récens, contenant des détails exacts sur les mœurs, les usages et les productions les plus remarquables des différens peuples de la terre, enrichie de beaucoup de cartes, figures et des portraits des principaux navigateurs; rédigée par *F. Baucarel*. 12 forts vol. in-8°. *Paris*, 1808. 48 fr. p. 90 fr.

COLLECTION DE CINQUANTE GRAVURES représentant des sujets militaires ou belles actions des guerriers français, racontées dans LES FASTES DE LA GLOIRE; gravées sous la direction d'*Adr. Godefroi*, d'après les dessins de *Chasselat*. 21 fr. p. 25 fr.

Il a été tiré 25 exemplaires dont la lettre n'est qu'au trait; le prix est du double.

(Les cinquante dessins originaux sont offerts pour 1500 fr.)

Chaque gravure se vend séparément 75 c. p. 1 fr.

COLLECTION D'OUVRAGES DE PLUSIEURS FEMMES CÉLÈBRES, mesdames *Lafayette*, *Tencin*, *Lambert*, *Élie de Beamont*, *Fontaines* et *Ninon de Lenclos*. 16 vol. in-18, imprimés sur beau papier. 22 fr. p. 30 f.

COMMENTAIRE SUR LE THÉATRE DE VOLTAIRE, par M. *de Laharpe*, imprimé d'après le manuscrit autographe de ce célèbre critique, et approprié aux différentes éditions de ce théâtre. 1 gros vol. in-8; imprimé sur beau papier, par *Didot* l'aîné. 3 fr. 75 c. p. 6 fr.

COMPENSATIONS (des) DANS LES DESTINÉES HUMAINES, par M. *Azaïs*; troisième édition, revue, corrigée et considérablement augmentée. 3 vol. in-8, ornés d'une figure allégorique. *Paris*, 1818. 10 fr. p. 15 fr.

CONFESSIONS (les) DE J.-J. ROUSSEAU; nouvelle et jolie édition imprimée avec le plus grand soin par M. *Crapelet*, sur papier superfin des Vosges. 2 gros vol. in-18, ornés de charmantes gravures. *Paris*, 1819. 6 fr. p. 9 fr.

CONFISEUR (le) MODERNE, ou L'ART DU CONFISEUR ET DU DISTILLATEUR, et en outre les procédés généraux de quelques arts qui s'y rapportent, et particulièrement ceux du parfumeur et du limonadier; ouvrage enrichi de plusieurs recettes nouvelles et mis à la portée de tout le monde, par *J.-J. Machet*, confiseur et distillateur. 1 vol. in-8, 4e édition. *Paris*, 1821. 4 fr. 75 c. p. 6 fr.

CONFISEUR (le) ROYAL, contenant la manière de faire les confitures, compotes, dragées; la composition des liqueurs, crèmes, ratafia et fruits à l'eau-de-vie, etc. 5e. édition. 1 vol. in-12, avec trois planches. *Paris*, 1818. 2 fr. p. 3 fr.

CONTES MORAUX anciens et nouveaux, par *Marmontel*; nouvelle édition, à laquelle il a ajouté les promenades de Platon en Sicile et le petit voyage; précédés de l'éloge de Marmontel, par l'abbé *Morellet*. 6 vol. in-18, ornés de 6 figures. *Paris*, 1820. 6 fr. p. 10 fr.

CONTES MORAUX, par *Marmontel*, de l'académie française; nouvelle édition. 4 vol. in-18 ornés du portrait de l'auteur, de quatre jolies vignettes et titres gravés. *Paris*, 1818. 3 fr. p. 6 fr.

CORINNE, ou l'Italie, par madame *de Staël-Hostein*; nouvelle édition. 4 vol. in-18 ornés de 6 jolies gravures. *Paris*, 1820. 4 fr. 50 c. p. 6 fr.

COURS COMPLET D'AGRICULTURE, par l'Abbé *Rosier*. 12 vol. in-4, ornés d'un grand nombre de planches. 108 fr. p. 144 fr.

COURS DE BELLES-LETTRES, par *Dubois-Fontanelle*, auteur d'une traduction des *Métamorphoses* d'Ovide, etc. 4 vol. in-8. Paris, 1813. 14 fr. p. 20 fr.

COURS GASTRONOMIQUE, ou les Dîners de M. de Manant-Ville; ouvrage anecdotique, philosophique et littéraire. Seconde édition dédiée à la société épicurienne du Caveau moderne, séant au Rocher de Cancale, par feu M. C***, avec une carte qui offre d'une manière précise les différentes productions gastronomiques de la France. 1 vol. in-8. 4 fr. 50 c. p. 6 fr.

CUISINIER (le) ANGLAIS, traduit en français, avec le titre de chaque recette en français et en

Anglais, contenant, outre les articles qui concernent la cuisine française, la manière de faire toutes sortes de puddings, dumplings, pâtés, gâteaux, conserves, marinades, etc., etc.; faisant suite à la dixième édition du Cuisinier royal. 1 vol. in-8. *Paris*, 1821. 2 fr. 50 c. p. 3 fr.

CUISINIER (le) ROYAL, ou l'Art de faire la Cuisine et la Pâtisserie, pour toutes les fortunes, avec la manière de servir une table depuis vingt-cinq jusqu'à soixante couverts. Dixième édition, revue, corrigée et augmentée de cent cinquante articles, par *A. Viard*, homme de bouche; de 846 articles, par M. *Fouret*, ci-devant cuisinier du roi d'Espagne; et suivie d'une Notice sur les Vins, par M. *Pierhugue*, sommelier du Roi. 1 gros vol. in-8, orné de 9 planches. *Paris*, 1821. 5 fr. 50 c. p. 7 fr. 50 c.

CULTIVATEUR (le) ANGLAIS, ou Œuvres choisies d'agriculture et d'économie rurale et politique, d'*Arthur Young*, traduit de l'anglais, par MM. *Lamare*, *Benoist* et *Villecocq*. 18 vol. in-8, fig. 48 fr. p. 108 fr.

DIABLE (le) BOITEUX, suivi des Béquilles du Diable boiteux, de l'Entretien des cheminées de Madrid, d'une Journée des Parques, et précédé d'une Notice sur la vie et les écrits de *Lesage*; nouvelle édition imprimée chez *Didot* le jeune, sur beau papier, en gros caractères. 2 vol. in-12 ornés de 6 jolies vignettes gravées d'après les dessins de *Choquet*. *Paris*, 1821. 5 fr. 50 c. p. 8 fr.

LE MÊME OUVRAGE. 2 vol. in-18, mêmes gravures. *Paris*, 1821. 3 fr. p. 4 fr. 50 c.

DES DÉLITS ET DES PEINES, par *Beccaria*; traduction nouvelle et seule complète, accompagnée de Notes historiques et critiques sur la législation criminelle, ancienne et moderne, le secret, les agens provocateurs, etc., etc.; suivie du Commentaire de Voltaire sur le livre des délits et des peines, et du discours de *J.-M.-A Servan*, avocat général au parlement de Grenoble, sur l'administration de la justice criminelle, avec des notes, par *P.-S.-J. Dufay* (de l'Yonne), avocat. 1 gros vol. in-8 de 600 pages, imprimé avec le plus grand soin sur papier superfin d'Auvergne. *Paris*, 1821. 5 fr. p. 6 fr.

LE MÊME OUVRAGE, papier satiné. 5 fr. 50 c. p. 7 fr.

DELPHINE, par madame de *Staël-Holstein*; nouvelle édition, revue et corrigée. 6 vol. in-18 ornés de 6 jolies figures. *Paris*, 1820. 6 fr. p. 9 fr.

DICTIONNAIRÉ FRANÇAIS-ANGLAIS, ET ANGLAIS-FRANÇAIS, de *Nugent*, 17e. édition, augmentée par *Ouiseau*; revue et corrigée par *Fain*, et où se trouve pour la première fois la *Grammaire de Siret*. 1 gros volume in-16, imprimé avec le plus grand soin, sur papier superfin et orné de deux jolies gravures de *Couché* fils. *Paris*, 1818. 5 fr. p. 7 fr. 50 c.

LE MÊME OUVRAGE (*sans la Grammaire*). 4 fr. p. 6 fr.

LA GRAMMAIRE SÉPARÉMENT. 1 fr. 25 c. p. 2 fr.

DICTIONNAIRE DE L'ACADÉMIE FRANÇAISE. 2 vol. in-4. 27 fr. p. 36 fr.

DICTIONNAIRE ITALIEN-FRANÇAIS ET FRANÇAIS-ITALIEN, par *Martinelli*. *Paris*, *Bossange*, 1819. 2 vol. in-16. 4 fr. 50 c. p. 7 fr. 50 c.

DICTIONNAIRE DE POCHE DE LA LANGUE FRANÇAISE; par *Catineau*. 1 vol. in-12. *Paris*, 1821. 5 fr. p. 7 fr. 50 c.

DICTIONNAIRE PORTATIF DE LA LANGUE FRANÇAISE, abregé du Dictionnaire de l'Académie; par *Philippon de la Madelaine*, 3e. édition. 2 vol. in-18. 4 50 c. p. 6 fr.

DICTIONNAIRE UNIVERSEL de Commerce, Banque, Manufactures, Douanes, Pêche, Navigation marchande, Administration de Commerce, etc., dédié à la Banque de France. 2 gros volumes in-4. 20 fr. p. 42 fr.

DIEU est l'amour le plus pur, ma prière et ma contemplation, par *Eckartshausen*; in-16, nouvelle édition ornée d'une jolie gravure. *Paris*, Maradan. 1 fr. 25 c. p. 2 fr.

ÉDUCATION (de l') des Filles, par *Fénélon*, archevêque de Cambrai; nouvelle édition, revue, corrigée et augmentée d'une Notice historique sur la vie de l'auteur. 1 vol. in-18. de 380 pages, imprimé sur très-beau papier et orné d'un superbe portrait en taille-douce, d'après *Fiquet*. *Paris*, 1821. 1 fr. 20 c. p. 1 fr. 80 c.

ÉGOISME, (l') OU NOUS LE SOMMES TOUS; par *Pigault-Lebrun*. 2 vol. in-12, 1819. 3 50 c. p. 5 fr.

ÉMILE, ou de l'Éducation, par *J.-J. Rousseau*. Nouvelle et jolie édition imprimée avec le plus grand soin par *M. Crapelet*, sur papier superfin des Vosges. 3 forts volumes in-18 ornés de jolies vignettes. *Paris*, 1819. 7 fr. p. 10 fr.

ÉPIGRAMMES de M. VAL. MARTIAL, traduction nouvelle et complète par M. *E.-T. Simon*, ancien bibliothécaire du tribunat, professeur de belles-lettres à l'académie de Besançon, etc., avec le texte latin en regard, des notes, et les meilleures imitations en vers français, depuis Clément Marot jusqu'à nos jours, publiée par le général baron *Simon*, son fils, et *P.-R. Auguis*, de la société royale des antiquaires de France. 3 volumes in-8. de 114 feuilles, caractères cicéro, philosophie, petit-romain et petit-texte. *Paris*, 1820. 18 fr. p. 21 fr.

Le même ouvrage, papier vélin satiné, tiré à 6 exemplaires. 39 fr. p. 45 fr.

Tous les journaux se sont empressés de faire l'éloge de cette traduction; sa fidélité, son élégance, ont été reconnues, et les articles dans lesquels le mérite de ce beau travail est si justement apprécié sont trop récens pour qu'il soit nécessaire de les reproduire ici.

ESSAIS HISTORIQUES SUR LES CAUSES ET LES EFFETS DE LA RÉVOLUTION DE FRANCE, avec des notes sur quelques événemens et quelques institutions; par *L.-S. Beaulieu*. 6 vol. in-8. 18 fr. p. 30 fr.

ESSAI HISTORIQUE SUR LE RÈGNE DE CHARLES II, par M. *Jules Berthevin*, pour faire suite à l'histoire de Cromwel. 1 vol. in-8. 1820. 4 fr. 75 c. p. 6 fr.

ESSAIS DE MONTAIGNE, nouvelle et très-jolie édition. 6 forts vol. in-18 imprimés par M. *Crapelet*, sur papier carré fin des Vosges. *Paris*, 1818. 11 fr. p. 15 fr.

Le même ouvrage, sur grand-raisin d'Auvergne. 15 fr. p. 21 fr.

ESSAI SUR LA PHYSIOLOGIE, ou l'Art de connaître les hommes sur la physionomie, par *J.-M. Plane*. Seconde édition augmentée de plusieurs questions proposées à Lavater par ses amis, et résolues par ce savant physiologiste. Ouvrage contenant la manière de reconnaître les vices et les vertus habituels à chaque sexe par les traits de la figure, de la main, par l'écriture et les attitudes. 2 vol. in-8. ornés de 20 planches, frontispices et titres gravés, représentant plus de quatre-vingt figures. 10 fr. p. 15 fr.

Cet ouvrage ne se trouve sur aucun catalogue de la librairie.

ÉTUDES DE L'HISTOIRE ANCIENNE ET DE CELLE DE LA GRÈCE, de la Constitution des républiques de Lacédémone et d'Athènes, de la Législation, des Tribunaux, des Mœurs et des Usages des Athéniens, de la Littérature, de la Philosophie et des Arts chez les Grecs; par *P.-C. Lévesque*. *Paris*, 1811. 5 vol. in-8. papier fin, impression soignée. 20 fr. p. 36 fr.

Cet ouvrage de M. Lévesque, non moins intéressant que son Histoire de Russie, offre une variété agréable de sujets tour à tour instructifs ou piquans.

FABLES CHOISIES D'ÉSOPE, avec le sens moral en quatre vers, et les quatrains de Benserade; jolie édition ornée de 53 gravures. 1 vol in-8. oblong cartonné. *Paris*, 4 fr. 50 c. p. 7 fr. 50 c.

FABLES CHOISIES DE LA FONTAINE, jolie édition ornée de 54 gravures. 1 vol. in-8 oblong cartonné. *Paris*, 1818. 5 fr. p. 8 fr. 50 c.

FABLES DE LA FONTAINE, superbe édition imprimée sur papier fin. 2 vol. in-8. ornés de belles gravures par Moreau. *Paris*, *Lefévre*. 10 fr. p. 15 fr.

LES FASTES DE LA GLOIRE, ou les braves recommandés à la postérité, monument élevés aux Défenseurs de la Patrie. 3 gros vol. in-8. *Paris*, 1821. 15 fr. p. 18 fr.

Pour se conformer aux vœux de plusieurs personnes qui ne désirent posséder que le volume contenant le précis des faits glorieux pour leur famille ou pour leurs amis, sans faire la dépense entière de l'ouvrage, chaque volume se vend séparément 6 fr. p. 7 fr. 50 c.

Parmi les livres qui sont destinés à devenir populaires en France, sans doute on distinguera celui que nous annonçons. Le moraliste pourra croire d'abord qu'il s'agit de recueillir, dans un même monument, les noms de tous les bienfaiteurs de l'humanité; car les auteurs d'utiles découvertes les artistes, les poëtes, ont droit d'être inscrits dans *les Fastes de la Gloire*: mais telle est encore la suprématie que conservent, dans une nation essentiellement valeureuse, les hommes de la victoire, qu'il n'est pas un Français qui ne devine, sur ce simple titre, qu'il s'agit de consacrer nos belles actions militaires. *Les Fastes de la Gloire* intéresseront spécialement cette classe innombrable de guerriers dont l'attitude est remarquable dans nos foyers comme dans nos rangs, et qui emploient à cultiver les champs de leur pays le bras qui sera toujours prêt à le défendre. Cet ouvrage vraiment français a, pour ainsi dire, été écrit sur les champs de bataille, par des militaires qui ont recueilli les faits qui honorent le plus leurs compagnons d'armes. (Extrait de la *Minerve française*, 37e. livraison.)

FEMMES (les), leur condition et leur influence dans l'ordre social; par M. de *Ségur*. 3 vol. in-12. ornés de 3 fig. *Paris*, 1819. 7 fr. p. 9 fr.

Les mêmes, papier vélin. 14 fr. p. 18 fr.

Les mêmes; nouvelle édition augmentée de l'influence des femmes sous l'empire, par M. *Ch. N.* 4 vol. in-12, avec 4 fig. *Paris*, 1820. 9 fr. p. 12 fr.

Les mêmes. 2 vol. in-8, 4 fig. 9 fr. p. 12 fr.

Les mêmes. 4 vol. in-18, 7 fig. 1821. 4 fr. 50 c. p. 6 fr.

FÊTES ET COURTISANES DE LA GRECE; quatrième édition, revue et corrigée avec soin. 4 gros vol. in-8, imprimés avec soin sur papier fin d'Angoulême, avec fig., musiques et tableaux. 18 fr. p. 25 fr.

FRAGMENS DU COURS DE LITTÉRATURE, fait à l'Athénée de Paris, en 1806 et 1807, par *M.-J. de Chénier*, suivis d'autres morceaux littéraires du même auteur. 1 vol. in-8. 4 fr. p. 5 fr.

FRAGMENS DE POLITIQUE ET D'HISTOIRE, par *Mercier*. *Paris*, 1792. 3 vol. in-8. 8 fr. p. 15 fr.

GAULE (la) POÉTIQUE, ou l'Histoire de France, considérée dans ses rapports avec la poésie, l'éloquence et les beaux-arts, par M. *de Marchangy*. 8 vol. in-8; dernière édition. 27 fr. p. 48 fr.

GÉNIE DU CHRISTIANISME, ou beautés de la religion chrétienne, par *Châteaubriand*; édition abrégée, pour la jeunesse. 2 vol. in-12. 4 fr. 50 c. p. 6 fr.

GÉNIE (du) DES PEUPLES ANCIENS, ou Tableau historique et littéraire du développement de l'esprit humain chez les peuples anciens, depuis les premiers temps connus jusqu'au commencement de l'ère chrétienne. 4 vol. in-8. 15 fr. p. 24 fr.

GÉNIE (le) DE VIRGILE, ouvrage posthume de *Malfilâtre*, publié d'après ses manuscrits autographes, avec des notes et des additions; par *P.-A.-M. Miger*. 4 vol. in-8, belle édition. 15 fr. p. 25 fr.

HÉROS (les) CHRÉTIENS, ou les Martyrs du Sacerdoce, recueil de traits sublimes et de dévouement des ministres du culte catholique, recueillis par feu l'abbé *Dubois*. 1 gros vol. in-12, fig. 2 fr. 25 c. p. 3 fr.

HISTOIRE ABRÉGÉE DE LA GRÈCE, avec une Introduction et des Notes Historiques, Géographiques et Mithologiques, extraites du voyage du jeune Anacharsis, de l'abbé Barthélemy, à l'usage des maisons d'éducation des deux sexes; par *A.-J.-B. Bouvet-de-Cresset*, ancien chef d'institution; deuxième édition. 1 fort volume in-18., grand papier, 1821. 1 fr. 25 c. p. 2 fr.

HISTOIRE ABRÉGÉE DES INSECTES, dans laquelle ces animaux sont rangés suivant un ordre méthodique; nouvelle édition, augmentée d'un supplément considérable; 2 gros volumes in-4., ornés de 22 planches représentant un grand nombre de figures en noir. 24 fr. p. 36 fr.

Le même ouvrage, figures coloriées. 30 fr. p. 45 fr.

HISTOIRE DE L'AGRICULTURE FRANÇAISE, considérée dans ses rappors avec les lois, les cultes, les mœurs et le commerce, précédée d'une Notice sur l'empire des Gaules et sur l'agriculture des Anciens, par *J.-B.-R. de la Bergerie*. 1 gros vol. in-8. *Paris*, Huzard, 1815. 4. fr. p. 7. fr. 50 c.

HISTOIRE ANCIENNE DES ÉGYPTIENS, DES CARTHAGINOIS, etc.; par *Rollin*, ancien recteur de l'Université de Paris; nouvelle édition. 20 gros vol. in-18. *Paris*, 1815. 24 fr. p. 40 fr.

HISTOIRE ROMAINE, depuis la fondation de Rome jusqu'à la bataille d'Actium, c'est-à-dire, jusqu'à la fin de la République; par *Rollin*, ancien recteur de l'Académie de Paris; nouvelle édition. 18 gros volumes in-18. *Paris*, 1815. 22 fr. p. 36 fr.

HISTOIRE DE L'ANARCHIE DE POLOGNE, par *Rulhière*. troisième édition. 4 volumes in-8. *Paris*, 1819. 18 fr. p. 30 fr.

L'Institut a jugé que cet ouvrage était le meilleur livre d'histoire écrit dans la langue française, et le jury des prix décennaux avait proposé de lui décerner le prix.

HISTOIRE DES ANIMAUX D'ARISTOTE, traduite par *Camus*, avec les notes et le texte grec. 2 gros volumes in-4. 25 fr. p. 30 fr.

HISTOIRE DE LA CONQUÊTE ET DES RÉVOLUTIONS DU PÉROU; par *Alphonse de Beauchamp*. 2 vol. 8., avec portrait. 7 fr. p. 10 fr.

HISTOIRE DE CROMWEL, d'après les mémoires du temps et les recueils parlementaires; par M. *Villemain*. 2 vol. in-8.; imprimés par *Firmin Didot*, 1819. 10 fr. p. 12 fr.

HISTOIRE DE LA DÉCADENCE ET DE LA CHUTE DE L'EMPIRE ROMAIN; par *Édouard Gibbon*, traduite de l'anglais; nouvelle édition, précédée d'une Notice sur la vie et le caractère de Gibbon, et accompagnée de Notes critiques et historiques, relatives pour la plupart à la propagation du christianisme, par M. *F. Guizot*. 13 vol. in-8. *Paris*, 1819. 65 fr. p. 91 fr.

HISTOIRE DE L'EMPIRE DE RUSSIE, SOUS LE RÈGNE DE CATHERINE II, ET LA FIN DU DIX-HUITIÈME SIÈCLE; par le révérend M. *Toch*, Membre de la Société Royale de Londres, et revue par M. *Leclère*; dédiée à S. M. I. Alexandre Ier. 6 vol. in-8. 18 fr. p. 30 fr.

HISTOIRE D'ESTÉVENILLE DE GONZALÈS, surnommé le Garçon de bonne humeur; par *Lesage*; nouvelle édition; imprimée chez *Didot* le jeune, sur beau papier et gros caractères; 2 vol. in-12., ornés de 6 jolies vignettes, gravées d'après les dessins de *Choquet*. *Paris*, 1821. 5 fr. 50 c. p. 8 fr.

LE MÊME OUVRAGE; 2 vol. in-18. avec les mêmes gravures. *Paris*, 1821. 3 fr. p. 4 fr. 50 c.

HISTOIRE DE FRANCE, depuis les Gaulois jusqu'à la mort de Louis XVI; par M. *Anquetil*, de l'Institut national, membre de la Légion d'Honneur; quatrième édition, revue et corrigée avec le plus grand soin. 12 vol in-8. *Paris*, juin 1821. 36 fr. p. 50 fr.

LE MÊME OUVRAGE. 12 vol. in-12. *Paris*, 1821. 24 fr. p. 36 fr.

HISTOIRE DE LA GUERRE D'ESPAGNE ET DE PORTUGAL, pendant les années 1807 à 1813. Plus, la campagne de 1814 dans le midi de la France; par le colonel Sir *John Jones*, avec des Notes et des Commentaires; par M. *Alphonse de Beauchamp*. 2 vol. in-8., avec la carte d'Espagne et de Portugal. 9 fr. p. 12 fr.

HISTOIRE DE GILBLAS DE SANTILLANE; nouvelle édition, imprimée chez *Didot* le jeune, sur beau papier et gros caractères. 4 vol. in-12, ornés de 12 belles vignettes gravées d'après les dessins de *Choquet*. *Paris*, 1821. 13 fr. p. 18 fr.

LE MÊME OUVRAGE. 6 vol. in-18, avec les 12 vignettes. *Paris*, 1821. 7 fr. p. 10 fr.

HISTOIRE DE GUSMAN D'ALFARACHE, par *Lesage*; nouvelle édition, imprimée chez *Didot* le jeune, sur beau papier et gros caractère. 2 gros volumes in-12., ornés de 6 belles vignettes, gravées d'après les dessins de *Choquet*. *Paris*, 1821. 7. fr. p. 10 fr.

LE MÊME OUVRAGE. 2 vol. in-18., avec les mêmes gravures. *Paris*, 1821. 4 fr. p. 5 fr. 50 c.

HISTOIRE DE NAPOLÉON, empereur des Français, depuis sa naissance jusqu'après le champ de mai. 4. vol. in-12, 1815. 7 fr. p. 12. fr.

HISTOIRE NATURELLE DE LA MONTAGNE SAINT-PIERRE DE MAESTRICHT; par *B. Faugas de Saint-Fond*, administrateur et professeur de Géologie au Muséum national d'Histoire Naturelle, ouvrage renfermant plusieurs anecdotes curieuses sur le siége de Maestricht par les Français, en l'an 7 de la République. 1 gros volume in-4., grand papier avec un plan de la montagne, des Culs-de-Lampe et plus de cinquante planches grand in-4. et in-fol., gravées avec le plus grand soin d'après *Maréchal*. 45 fr. p. 100 fr.

Cet ouvrage ne se trouve sur aucun catalogue de librairie.

HISTOIRE DES NAUFRAGES, OU RECUEIL DES RELATIONS LES PLUS INTÉRESSANTES DES NAUFRAGES; nouvelle édition, augmentée du naufrage du brick américain le *Commerce*, du vaisseau *l'Alceste*, et de la frégate la *Méduse*, par M. *Eyriès*. 3 gros volumes in-12., ornés de six jolies gravures. *Paris*, 1819. 6 fr. p. 9 fr.

HISTOIRE DE LA RÉVOLUTION D'ESPAGNE en 1820, précédée d'un aperçu du règne de Ferdinand VII depuis 1814, et d'un précis de la Révolution de l'Amérique du Sud. Cet ouvrage est terminé par une table raisonnée; par *Charles Laumier*; seconde édition in-8. 4 75 fr. c. p. 6 fr.

HISTOIRE DE LA RÉVOLUTION DE FRANCE, depuis la première assemblée des Notables en 1787, jusqu'à l'abdication de Bonaparte; par M. *Fantin des Odoards*. 7e. édition, 6 vol. in-8. *Paris*, 1820. 20 fr. p. 30 fr.

HISTOIRE DE LA RÉVOLUTION FRANÇAISE, depuis l'année 1788 jusqu'en 1816, ouvrage contenant des détails sur les événemens les plus curieux de cette grande calamité politique, et des notes exactes sur les principaux personnages qui s'y sont fait remarquer; par *Henri Lemaire*. 3 vol. in-12, ornés de 3 jolies gravures. 7 fr. p. 10 fr.

HISTOIRE DE RUSSIE ET DES PRINCIPALES NATIONS DE L'EMPIRE RUSSE; par *P.-C. Lévesque*; quatrième et dernière édition, revue et augmentée d'une vie inédite de Catherine II, par l'auteur ; continuée jusqu'à la mort de Paul 1er., et publiée avec des notes par MM. *Malte-Brun* et *Depping*. *Paris*, 8 vol. in-8. et atlas de 60 gravures. 38 fr. p. 50 fr.

HOMONYMES (les) **FRANÇAIS**, ou mots qui, dans notre langue, se ressemblent par le son ; ouvrage nécessaire à tous ceux qui désirent d'écrire et de parler correctement le français ; troisième édition, revue, corrigée et considérablement augmentée par *Philippon de la Madeleine*. 1 vol in-8. 4 fr. p. 5 fr.

INDUCTIONS MORALES ET PHYSIOLOGIQUES ; par *A. H. Kératry*. 1 gros vol. in-8. de 500 pages. Seconde édition, 1821. 5 fr. p. 6. fr.

INSTRUCTION (de l'); ouvrage destiné à compléter les connaissances acquises dans les lycées, les colléges et les maisons d'éducation ; par M. *F.-C. Turlot*, deuxième édition. 1 vol. in-12 avec un tableau gravé. 2 fr. 50 c. p. 3 fr.

INVINCIBLES (les), ou la gloire des armées françaises ; précis des actions éclatantes qui ont fait nommer les Français les premiers soldats du monde ; dédié aux braves. 1 vol. in-12, orné d'une grande figure allégorique. 1 fr. 50 c. p. 3. fr.

JEUX (les) **INNOCENS DE SOCIÉTÉ**, par madame *T..... D.....* 1 gros vol. in-18, orné de six jolies gravures. 1 fr. 75 c. p. 2 fr. 50 c.

JUGEMENT IMPARTIAL SUR NAPOLÉON, ou considérations philosophiques sur son caractère, son élévation, sa chute et les résultats de son gouvernement ; suivi d'un parallèle entre Napoléon et Cromwel, et entre la révolution française et celle d'Angleterre ; par *H. Azaïs*, 1 vol. in-8. *Paris*, 1820. 3 fr. 50 p. 5 fr.

JULIE, ou la nouvelle Héloïse, par *J. J. Rousseau* ; nouvelle et jolie édition imprimée avec le plus grand soin, par M. *Crapelet*, sur papier superfin des Vosges. 3 forts vol. in-18, ornés de charmantes vignettes. *Paris*, 1819. 7 fr. p. 10 fr.

LETTRES A ÉMILIE SUR LA MYTHOLOGIE, par *Demoustier* ; nouvelle édition imprimée par M. *Didot jeune*, sur carré fin d'Auvergne. 2 vol. in-8. ornés de 6 figures. *Paris*, 1820. 9 fr. p. 12 fr.

Le même ouvrage, papier vélin, figures avant la lettre. 16 fr. p. 24 fr.

LETTRES CHOISIES DE MESDAMES DE SÉVIGNÉ, DE GRIGNAN, DE SIMIANE ET DE MAINTENON, nouvelle édition très-soignée, 3 vol. in-18. *Paris*, 1813. 3 fr. p. 4 fr. 50 c.

LETTRES DE MADAME DE SÉVIGNÉ A SA FILLE ET A SES AMIS, nouvelle édition mise dans un meilleur ordre, enrichie d'éclaircissemens et de notes historiques ; augmentée de lettres, fragmens, notices sur madame de Sévigné et sur ses amis, éloges et autres morceaux inédits ou peu connus, tant en prose qu'en vers ; par *A. Grouvelle*. 12 vol. in-18, jolie édition. *Paris*, *Bossange*, 1818. 17 fr. p. 25 fr.

LETTRES DE NINON DE LENCLOS AU MARQUIS DE SÉVIGNÉ, avec une notice sur sa vie ; nouvelle édition imprimée sur beau papier. 2 vol. in-18 ornés de son portrait. *Paris*, 1820. 1 fr. 75 c. p. 3 fr.

LETTRES NOUVELLES DE MADEMOISELLE DE LESPINASSE, suivies d'autres opuscules inédits du même auteur. 1 vol. in-8. 4 fr. p. 5 fr.

LETTRES D'OCTAVIE, JEUNE PENSIONNAIRE DE LA MAISON DE St.-CLAIR, ou essai sur l'éducation des demoiselles, par madame *de Renneville* ; deuxième édition. *Paris*, 1819. 1 gros vol. in-12, imprimé sur beau papier, et orné d'une jolie figure en taille-douce. 2 fr. 25 c. p. 3 fr.

LETTRES PERSANES, par M. *de Montesquieu*, superbe édition en 3 vol. in-8., papier vélin, de l'imprimerie de *Frantin*. *Dijon*, 1797. 11 fr. p. 15 fr.

LETTRES SUR L'ITALIE, par *Dupaty*. 3 vol. in-18, très-jolie édition, ornée de jolies vignettes gravées avec soin. *Paris*, *Maradan*. 3 fr. p. 4 fr. 50 c.

LIGUE DES NOBLES ET DES PRÊTRES contre les Peuples et les Rois, depuis le commencement de l'ère chrétienne jusqu'à nos jours, ou Tableau des conspirations, révolutions, détrônemens, actes arbitraires, jugemens iniques, violations de lois, etc., etc., dont les privilégiés se sont rendus coupables : ouvrage où l'on trouvera des détails intéressans et des considérations nouvelles sur le pouvoir absolu des Druides ; la conduite séditieuse des évêques anglais Wilfrid, Dunstan, Langton et Thomas de Cantorbéry ; le massacre de la Sainte-Brice ; l'exil du Cid ; la donation de l'Angleterre au pape ; la querelle des investitures ; l'union d'Aragon ; la fondation de la liberté helvétique ; le serment de révolte de Castille; Colas Rienzi, restaurateur de la liberté romaine; la persécution des Lollards et des réformés; le soulèvement des Copyholders; la ligue et la fronde; la mort du Czarowitz Alexis; les révolutions de Danemarck, de France et d'Espagne, etc., etc.; par M. *Paul de P....* 2 vol. in-8. 7 fr. 50 p. 10 fr.

LOIS DES BATIMENS, ou le nouveau Desgodets, traitant suivant les Codes civil et de procédure, par *Lepage*. 2 vol. in-8. *Paris*, 1819, 6 fr. p. 9 fr.

LUCRÈCE : De la nature des choses. 2 vol. in-4., papier vélin, figures avant la lettre. 40 fr. p. 80 fr.

LYCÉE, ou Cours de littérature ancienne et moderne; par *Laharpe*; nouvelle et belle édition imprimée par *Didot* l'aîné. *Paris*, 1819. 64 fr. p. 80 fr.

LYCÉE, ou Cours de littérature ancienne et moderne; par *Laharpe*; troisième édition. 16 gros vol. in-18. *Paris*, 1820. 27 fr. p. 40 fr.

MADAME DE MAINTENON, peinte par elle-même; deux parties en 1 vol. in-8; par madame *Suard*; deuxième édition. 3 fr. pour 6 fr.

MAITRE (le) D'ANGLAIS, par *Cobbet*, avec les notes de *Popletton*; nouvelle édition, revue et augmentée par *M. Fain*. 1 gros vol. in-12. Paris, 1819. 2 fr. 50 c. p. 3 fr. 60 c.

MAITRE D'ITALIEN, ou nouvelle Grammaire pratique française et italienne de *Vénéroni*; seconde édition revue avec soin, mise en une méthode pratique et en meilleur ordre, par *Lauri*, professeur de langue italienne. 1 gros vol. in-8. 1820. 4 fr. 50 c. p. 6 fr.

MANUEL DES AMPHITRYONS, contenant un traité de la dissection des viandes à table, la nomenclature des menus les plus nouveaux pour chaque saison, et les élémens de la politesse gourmande; ouvrage indispensable à tous ceux qui sont jaloux de faire bonne chère et de la faire faire aux autres; orné de 27 planches, renfermant 38 sujets gravés en taille-douce, par l'auteur de l'Almanach des Gourmands. 1 vol. in-8. 4 fr. 75 c. p. 6 fr.

MANUEL ÉPISTOLAIRE à l'usage de la jeunesse, ou Instructions générales et particulières sur les divers genres de correspondance, suivies d'exemples puisés dans nos meilleurs écrivains; par *Philippon de la Madeleine*. 1 très-gros vol. in-12; cinquième édition augmentée considérablement. *Paris*, 1820. 1 fr. 75 c. p. 2 fr. 50 c.

MANUEL (le) DES SORCIERS, suivi des petits jeux de société. 1 vol. in-12, fig. 1819. 2 fr. p. 3 fr.

MÉMOIRES DU CARDINAL DE RETZ, de Guy Joly et de la duchesse de Nemours. 6 gros vol. in-8, portrait et *fac simile*. *Paris*, 1820. 24 fr. p. 36 fr.

MÉMOIRES HISTORIQUES ET ANECDOTES DE LA COUR DE FRANCE, pendant la faveur de la marquise de Pompadour, avec 12 estampes dessinées par elle sous les yeux du roi, sur les principaux événemens de son règne. 1 vol. in-8. 4 fr. p. 6 fr.

MÉMOIRES SECRETS SUR L'ÉTABLISSEMENT DE LA MAISON DE BOURBON EN ESPAGNE, extraits de la correspondance du marquis de Louville, gentilhomme de la chambre de Philippe V et chef de sa maison française. 2 vol. in-8. 1819. 10 fr. p. 12 fr.

MÉMOIRES SECRETS SUR NAPOLÉON BONAPARTE; septième édition. 2 vol. in-12. 4 fr. p. 5 fr.

MÉMORIAL PARISIEN, ou Paris tel qu'il fut, tel qu'il est; par *P.-J.-S. Dufey* (de l'Yonne), avocat. 1 gros vol. in-12 orné d'une jolie vignette et couverture imprimée. *Paris*, 1821. 2 fr. 50 c. p. 3 50 c.

MONSIEUR MARTIN, ou l'Observateur; par *Pigault-Lebrun*. 2 vol. in-12. 1820. 5 fr.

MYTHOLOGIE (nouvelle) DE LA JEUNESSE, avec une table générale, en forme de dictionnaire, de toutes les mythologies dont il est question dans l'ouvrage; par madame *Tardieu de Nesle*; seconde édition. 2 vol. in-12 ornés de 83 fig. *Paris*, 1820. 4 fr. p. 6 fr.

NOUVELLE ENCYCLOPÉDIE POÉTIQUE, ou choix de poésies dans tous les genres; par une Société de gens de lettres; ouvrage mis en ordre et publié par *P. Capelle*. *Paris*, 1819. 18 gros vol. in-18. 33 fr. p. 45 fr.

NOUVEAU (le) MOMUS FRANÇAIS, ou Recueil d'anecdotes, bons mots, aventures, traits comiques piquans, satiriques, anecdotiques, instructifs, utiles, amusans, etc., etc., recueillis par *Ducœur Joly*; quatrième édition, revue et augmentée. 1 gros vol. in-18 orné d'une jolie vignette. *Paris*, 1818. 1 fr. 25 c. p. 2 fr.

OBSERVATIONS CRITIQUES sur l'ouvrage intitulé : Génie du Christianisme, par M. de *Châteaubriand*; pour faire suite au Tableau de la littérature française, par *Marie-Joseph de Chénier*, 1 vol. in-8. 3 fr. p. 4 fr.

OEUVRES D'ANNE RADCLIFFE, contenant la Forêt, les Mystères d'Udolphe, l'Italien, et Julia; nouvelle édition. 11 vol. in-12. Paris, 1819. 23 fr. p. 30 fr. 50 c.

OEUVRES DE BOSSUET, évêque de Meaux, contenant la Politique tirée de l'Écriture sainte; les Méditations sur les évangélistes, et les Élévations à Dieu sur tous les mystères de la religion. 3 gros vol. in-8. 14 fr. p. 18 fr.

OEUVRES DU CARDINAL DE BOISGELIN, de l'académie française, contenant ses oraisons funèbres, discours, traités philosophiques et politiques; savoir : la Réfutation du système développé par *Bailly*, dans ses lettres sur l'Atlandide de Platon; les Considérations adressées aux chefs de la révolution; la traduction en vers français des Psaumes de David, et le compte rendu par l'abbé *Delille*, de cette traduction, etc., etc.; précédées d'une notice historique sur la vie et les écrits de ce prélat. 1 fort vol. in-8, caractères philosophie, petit-romain et petit-texte. *Paris*, 1818. 4 fr. 50 c. p. 6 fr.
Le même ouvrage, papier vélin satiné. 9 fr. p. 12 fr.

Il y avait long-temps que la nécessité d'une édition des œuvres de M. le cardinal de Boisgelin était vivement sentie; depuis long-temps M. le cardinal de Beausset, pair de France, de l'académie française, avait exprimé le désir de voir réunis en corps d'ouvrage les meilleurs écrits de ce prélat célèbre.

OEUVRES CHOISIES DE D'AGUESSEAU, chancelier de France. 6 vol. in-8. *Paris*, 1820. 24 fr. p. 36 f.

OEUVRES CHOISIES DE J.-J. ROUSSEAU, contenant l'Émile, la Nouvelle Héloïse et les Confessions; nouvelle édition. 8 vol. in-18, ornés de charmantes gravures. *Paris*, 1819. 18 fr. p. 29 fr.

OEUVRES COMPLÈTES D'AUGUSTIN CARON DE BEAUMARCHAIS; nouvelle édition imprimée sur beau papier. 6 vol. in-8. *Paris*, 1821. 24 fr. p. 30 fr.

OEUVRES COMPLÈTES DE BERQUIN, nouvelle édition ornée de 112 jolies gravures. *Paris*, André. 28 gros vol in-18. 28 fr. p. 35 fr.

OEUVRES COMPLÈTES DE BOUFFLERS, membre de l'Institut et de la Légion d'Honneur. 4 vol. in-18 ornés de 17 gravures, d'après les dessins de *Marillier* et de *Monet*. *Paris*, 1818. 7 fr. p. 9 fr.

OEUVRES COMPLÈTES DE CHAMFORT, de l'académie française; troisième édition. 2 vol. in-8. 6 fr. p. 10 fr.

OEUVRES COMPLÈTES DE MADAME COTTIN, avec une notice sur la vie et les écrits de l'auteur, un tableau historique des croisades, une analyse des ouvrages de *Joinville*, *Villehardouin*, etc. nouvelle édit. ornée de 12 jolies vignettes gravées d'après les dessins de *Choquet*. *Paris*, 1820. 12 fr. p. 18 fr.

On vend séparément :

CLAIRE D'ALBE. 1 vol., fig. 1 fr. p. 1 fr. 50 c.
MALVINA. 3 vol., fig. 3 fr. p. 4 fr. 50 c.
AMÉLIE MANSFIELD. 3 vol., fig. 3 fr. p. 4 fr. 50 c.
MATHILDE, ou les Croisades. 4 vol. in-18, fig. 4 fr. p. 6 fr.
ÉLISABETH, ou les Exilés en Sibérie. 1 vol. in-18, fig. 1 fr. p. 1 fr. 50 c.

OEUVRES COMPLÈTES DE MADAME COTTIN, précédées d'une notice sur sa vie et ses écrits, etc.; nouvelle édition. 12 vol. in-18, avec 12 gravures. Paris, 1820, stéréotype. 7 fr. p. 12 fr.

OEUVRES COMPLÈTES DE FLORIAN, édition corrigée d'après les manuscrits de l'auteur, et augmentée de plusieurs pièces inédites. 24 vol. in-18, bien imprimés et ornés de 24 gravures. 16 fr. p. 24 f.

OEUVRES COMPLÈTES DE GRÉCOURT; édition augmentée de beaucoup de pièces qui n'avaient jamais été imprimées. 4 vol. in-8. *Paris*. 12 fr. p. 24 fr.

OEUVRES COMPLÈTES DE MADAME DE LAMBERT. 1 vol. in-8. 3 fr. p. 4. fr.

OEUVRES COMPLÈTES DE MANCINI-NIVERNOIS. 10 vol. in-8. 20 fr. p. 50 fr.

OEUVRES DE MARC-ANTOINE DE NOÉ, ancien évêque de Lescar, mort évêque de Troyes; contenant ses Discours, Mandemens et Traductions; précédées d'une Notice historique sur la vie et les écrits de ce Prélat, et ornées d'un *fac simile* de son écriture. 1 gros vol. in-8., caractères cicéro, philosophie, petit-romain et petit-texte. *Paris*, 1818. 3 fr. 50 c. p. 5. fr.
Le même ouvrage; papier vélin satiné. 7 fr. p. 10 fr.

OEUVRES COMPLÈTES DE MASSILLON; nouvelle et belle édition, en 13 volumes in-8., imprimés sur un caractère neuf; par *Cellot.* 9 vol. sont en vente. Prix de chaque vol. 5 fr. p. 6 fr.

Au 1er. d'oût les volumes seront portés à 6 pour 7.

OEUVRES COMPLÈTES DE MASSILLON; nouvelle édition. 15 gros vol. in-12., gros caractères. *Paris*, 1818. 30 fr. p. 45 fr.

OEUVRES COMPLÈTES DE MONTESQUIEU; précédées de sa vie, par *Auger*; et de l'Analyse de l'esprit des Lois; par *d'Alembert. Paris*, 1820. 5 gros vol. in-8., ornés du portrait de Montesquieu et de deux cartes. 21 fr. p. 30 fr.

OEUVRES COMPLÈTES DE PIGAULT LE BRUN. 71 vol. in-12., fig. 118 fr. p. 177 fr.

OEUVRES COMPLÈTES DE J. RACINE, avec le commentaire de Geoffroi, dans lequel se trouvent rapportés celui de Luneau de Boisgermain, et les observations de Louis Racine. 7 vol. in-8. avec gravures, dont 7 refaites à neuf sur de nouveaux dessins, 7 culs-de-lampe et un *fac simile* de l'écriture de Racine. 40 fr. p. 66 fr.

OEUVRES COMPLÈTES DE J.-B. ROUSSEAU; nouvelle édition, revue, corrigée et considérablement augmentée sur les manuscrits de l'auteur, et conforme à l'édition in-4. donnée par M. *Seguy. Paris*, 1819. 4 gros vol. in-8. ornés de beaucoup de figures. 12 fr. p. 24 fr.

OEUVRES COMPLÈTES DE J.-J. ROUSSEAU; édition publiée par Madame *Perroneau*, augmentée de 2 vol. de correspondance inédite. 22 vol. in-12., ornés de 20 figures. *Paris*, 1818. 45 fr. p. 77 fr.

OEUVRES COMPLÈTES DE REGNARD, avec des avertissemens et des remarques sur chaque pièce, par M. *Garnier*, nouvelle édition imprimée par M. *Crapelet*. 6 vol in-8. ornés de 11 figures gravées d'après les dessins de Moreau et Marillier, et d'un portrait de Regnard. *Paris*, 1820. 24 fr. p. 36 fr.

OEUVRES COMPLÈTES DE RULHIÈRE, de l'Académie fançaise. 6 vol. in-8., très-bien imprimés et ornés du portrait de l'auteur. 30 fr. p. 40 fr.

Pap. vélin. 60 fr. p. 80 fr.

Il n'existait pas encore d'édition complète des OEuvres de *Rulhière*. Les amateurs de littérature sauront gré aux éditeurs d'avoir enfin recueilli les ouvrages d'un auteur qui mérite une place distinguée parmi nos écrivains les plus élégans et les plus agréables, et qui est estimé sans contredit le meilleur de nos historiens. Aux Éclaircissemens historiques sur les causes de la révocation de l'édit de Nantes, et sur l'état des protestans en France, à l'Histoire de l'anarchie de Pologne, aux Anecdotes sur la révolution de Russie, et aux charmantes poésies parmi lesquelles se distinguent le poëme des Jeux de Mains, le discours en vers sur les Disputes, et des contes écrits avec la verve épigrammatique de J.-B. Rousseau, on a réuni des morceaux moins connus, mais non moins remarquables par le talent avec lequel ils sont écrits; tels sont les anecdotes sur le maréchal de Richelieu, aussi fameux par ses galanteries que par ses victoires, le portrait de M. de Vergennes, ministre des affaires étrangères, etc., etc. Cette édition, imprimée sur papier fin d'Angoulême, est enrichie d'un beau portrait gravé par M. Dien.

OEUVRES COMPLÈTES DE STERNE, comprenant la vie de l'auteur, des mélanges très-curieux, les Opinions de Tristram-Shandy, le Voyage sentimental en France, les Lettres d'Yorick à Élisa, et d'Elisa à Yorick, des Pensées, Anecdotes, etc.; traduites de l'anglais, par une Société de gens de lettres; nouvelle édition, quatre volumes in-8., ornés de 14 gravures de Saint-Aubin. *Paris*, 1818. 16 fr. p. 24 fr

ORATEURS CHRÉTIENS, ou choix des meilleurs discours prononcés dans les églises de France, depuis Louis XVI, jusqu'à nos jours. vingt-cinq vol. in-8.; neuf sont en vente; prix de chaque volume. 5 fr. p. 6 fr.

ORIGINE (de l') DES LOIS, des Arts et des Sciences, et de leurs progrès chez les anciens peuples; par *Antoine Yves Goguet*; sixième édition. *Paris*, 1820. 3 gros vol. in-8, ornés de figures et tableaux. 16 fr. p. 21 fr.

OEUVRES DIVERSES DU VICOMTE DE SÉGUR, contenant ses morceaux de littérature, ses poésies fugitives; la correspondance secrète entre Ninon de l'Enclos, le marquis de Villarceaux et madame de Maintenon; précédées d'une notice sur la vie de l'auteur. 1 vol. in-8. *Paris*, 1819. 4 f. 50 c. p. 6 f.

OEUVRES DRAMATIQUES DE DESTOUCHES; nouvelle édition, précédée d'une notice sur la vie et les ouvrages de cet auteur. 6 gros vol. in-8, imprimés par M. *Crapelet*, ornés du portrait de l'auteur et de 11 figures dessinées par M. *Lafitte*, et gravées par d'habiles artistes. *Paris*, 1820. 25 fr. p. 36 f.

OEUVRES DE FRANÇOIS SALIGNAC DE LA MOTHE FÉNÉLON; nouvelle édition imprimée sur beau papier. 19 vol. in-12. 35 fr. p. 50 fr.

OEUVRES DE GESSNER. 2 vol. in-8, belle édition, ornée de 27 figures et titres gravés. Paris, Dufart. 12 fr. p. 18 fr.

OEUVRES DE SALOMON DE GESSNER, traduites en français. 3 vol. in-18, très-jolie édition, ornée de 18 belles vignettes et titres gravés. Paris, Bossange. 10 fr. p. 15 fr.

OEUVRES D'HOMÈRE, ou l'Iliade et l'Odyssée, traduites en français, avec des remarques et des réflexions, par *Bitaubé*, membre de l'Institut; nouvelle édition. 4 vol. in-12, imprimés par M. *Didot* jeune, et ornés de 4 jolies gravures. Paris, 1819. 9 fr. p. 12 fr.

OEUVRES DE LESAGE, nouvelle édition imprimée chez M. *Didot* le jeune, sur beau papier et gros caractères. 14 vol. in-12 ornés de 40 gravures gravées d'après les dessins de *Choquet*, et de 7 feuilles de musique. Paris, 1821. 48 fr. p. 64 fr.

— Les mêmes, en 16 vol. in-18, même impression et même papier, ornés de 40 vignettes et de 7 feuilles de musique. 25 fr. p. 36 fr.

On vend séparément.

— LE DIABLE BOITEUX, suivi des béquilles du Diable boiteux, de l'entretien des cheminées de Madrid, d'une journée des Parques, et précédé d'une notice sur la vie et les écrits de *Lesage*. 2 vol. in-12, ornés de 6 belles gravures. 5 fr. 50 c. p. 8 fr.

— Le même ouvrage. 2 vol. in-18 avec 6 belles gravures. 3 fr. p. 4 fr. 50 c.

HISTOIRE DE GIL BLAS DE SANTILLANE. 4 vol. in-12 ornés de 12 belles gravures. 1821. 13 f. p. 18 f.

— Le même ouvrage, en 6 vol. in-18, orné de 12 belles gravures. 7 fr. p. 10 fr.

LE BACHELIER DE SALAMANQUE, ou mémoires et aventures de don Chérubin de la Ronda. 2 vol. in-12, ornés de 6 belles gravures. 1821. 5 fr. 50 c. p. 8 fr.

— Le même ouvrage. 2 vol. in-18 ornés de 6 belles gravures. 3 fr. p. 4 fr. 50 c.

HISTOIRE DE GUSMAN D'ALFARACHE. 2 gros vol. in-12 ornés de 6 belles gravures. Paris, 1821. 7 fr. p. 10 fr.

— Le même ouvrage, en 2 vol. in-18, 6 fig. 4 fr. p. 5 fr. 50 c.

HISTOIRE D'ESTEVANILLE GONZALÈZ, surnommé le Garçon de bonne humeur, 2 vol. in-12 ornés de 6 jolies gravures. Paris, 1821. 5 fr. 50 c. p. 8 fr.

— Le même ouvrage. 2 vol. in-18, 6 belles gravures. 3 fr. p. 4 fr. 50 c.

THÉATRE FRANÇAIS ET DE LA FOIRE. 2 vol. in-12 ornés de 4 jolies gravures et 7 feuilles de musique. Paris, 1821. 9 fr. p. 12 fr.

— Le même ouvrage. 2 vol. in-18, mêmes figures et musique. 5 fr. 50 c. p. 7 fr.

OEUVRES DE LORD BYRON, traduites de l'anglais, 8 vol. in-12 avec couvertures imprimées. *Paris*, 1820. 16 fr. p. 20 fr.

OEUVRES DE L'ABBÉ MILLOT, de l'Académie française, comprenant l'histoire générale ancienne et moderne, l'histoire d'Angleterre et l'histoire de France; nouvelle édition continuée par MM. *Millon* et *Delisle de Sales*. 12 gros vol. in-8. imprimés sur papier fin, par M. *Firmin Didot*. *Paris*, 1820 60 fr. p. 72 fr.

OEUVRES DE PONCE-DENIS, ÉCOUCHARD-LEBRUN, membre de l'Institut, mises en ordre et publiées par *Ginguené*, membre de l'Institut, et précédées d'une notice sur sa vie et ses ouvrages, rédigée par l'éditeur. 4 vol. in-8. ornés d'un beau portrait. 15 fr. p. 24 fr.

OEUVRES POSTHUMES DU DUC DE NIVERNOIS, publiées, à la suite de son éloge, par *François de Neufchâteau*. 2 vol. in-8., de l'imprimerie de *Pierre Didot l'aîné*. 10 fr. p. 12 fr.

Les mêmes, papier fin d'Angoulême. 15 fr. p. 18 fr.

OEUVRES DE JEAN RACINE, contenant son théâtre et toutes ses poésies. 3 vol. in-12 avec un portrait et 12 belles gravures des premières épreuves, belle édition. *Paris*, 1817. 8 fr. p. 12 fr.

OEUVRES DE J.-J. ROUSSEAU, nouvelle et belle édition. 20 gros volumes in-18, imprimés avec le plus grand soin, par M. *Crapelet*, sur papier superfin des Vosges; ornés de vingt jolies gravures, d'après Moreau, et de musique. *Paris*, 1819. 50 fr. p. 60 fr.

On vend séparément.

ÉMILE ou de l'Éducation. 3 gros vol. in-18 ornés de jolies vignettes. 7 fr. p. 10 fr.

LA NOUVELLE HÉLOISE. 3 vol. in-18 ornés de jolies vignettes. 7 fr. p. 10 fr.

LES CONFESSIONS. 2 gros vol. in-8., ornés de jolies vignettes. 6 fr. p. 9 fr.

OEUVRES DE STERNE, jolie édition aussi complète que l'in-8. 6 vol. in-18 ornés de 9 gravures. *Paris*, 1818. 8 fr. p. 13 fr. 50 c.

PAUL ET VIRGINIE, par M. *Bernardin de St-Pierre*; nouvelle édition imprimée par M. *Didot l'aîné.* 1 vol. in-18, orné d'une jolie gravure. *Paris*, 1819. 1 fr. 25 c. p. 1 80 c.

PAUL ET VIRGINIE, en anglais. 1 vol. in-18, grand papier, figure. *Paris*, 1820; jolie édition. 1 fr. 25 c. p. 1 fr. 80 c.

PAUSANIAS (le) FRANÇAIS, état des arts, du dessin en France à l'ouverture du 18e siècle, salon de 1806. 1 gros vol. in-8, avec portraits et gravures, papier grand-raisin. 4 fr. 50 c. p. 12 fr.

LE MÊME, papier vélin. 8 fr. p. 24 fr.

PENSÉES DE BLAISE PASCAL; nouvelle et jolie édition, 2 volumes in-18, ornés d'un portrait, *Paris*, 1821. 2 fr. p. 3 fr.

PERSE (la), ou tableau de l'histoire, du gouvernement, de la religion, de la littérature de cet empire; des mœurs et coutumes de ses habitans; par Am. Jourdain, secrétaire interprète du gouvernement pour les langues orientales, l'un des secrétaires de l'école royale pour les mêmes langues, etc., ouvrage orné de beaucoup de gravures faites d'après des peintures persannes, *Paris.* 5 gros volumes in-18. 15 fr. p. 18 fr.

PETIT CARÊME DE MASSILLON. 1 vol. in-18, avec le portrait de Massillon. *Paris*, 1819. 1 fr. 25 c. p. 1 fr. 80 c.

POÉSIES D'ANDRÉ CHÉNIER. 1 gros volume in-18, nouvelle édition, imprimé sur beau papier. *Paris*, 1821. 2 fr. 25 c. p. 3 fr.

POÉSIES DIVERSES DE MARIE-JOSEPH DE CHÉNIER. — La Bataviade. — Poëme sur les principes de l'art. — Discours en vers. — Épitres. — Élégies. — Odes. — Imitation d'Ossian. — Traduction de l'art poétique d'Horace, etc., etc. — Recueil contenant plusieurs pièces qui n'ont point encore été publiées. 1 vol. in-8. 4 fr. 50 c. p. 6 fr.

POÉSIES DIVERSES DE MARIE-JOSEPH DE CHÉNIER. 1 vol. in-18; nouvelle édition. *Paris*, 1821. 2 fr. 25 c. p. 3 f.

PROVERBES DRAMATIQUES, par *Étienne Gosse.* 2 vol. in-8. 1819. 8 fr. p. 12 fr.

PROVINCIALES (les), ou lettres de Louis de Montalte, par *Blaise Pascal.* 2 vol. in-18; nouvelle et jolie édition. *Paris*, 1821. 2 fr. p. 3 fr.

RÉPERTOIRE UNIVERSEL ET RAISONNÉ DE JURISPRUDENCE, par M. *Merlin*, ancien procureur-général à la cour de cassation, *quatrième édition* (1820); corrigée, réduite aux objets dont la connaissance peut encore être utile, et augmentée : 1°. d'un grand nombre d'articles; 2°. de notes indicatives des changemens apportés aux lois anciennes par les lois nouvelles; 3°. de dissertations de plaidoyers et de réquisitoires de l'auteur sur les unes et sur les autres. 15 gros vol. in-4°, imprimés sur deux colonnes, en caractère petit romain, grande justification; 14 volumes sont en vente, le dernier paraîtra sous peu. Prix de chaque volume. 15 fr. p. 18 fr.
net. 14 fr.

RIDEAU (le) LEVÉ, ou petite revue de nos grands théâtres; nouvelle édition. 1 volume in-8. 2 fr. 75 c. p. 4 fr.

ROBINSON (le) SUISSE, ou journal d'un père de famille, naufragé avec ses enfans; traduit de l'allemand de Wiss, par Mme. de Montolieu; troisième édition, très-soignée. 3 gros volumes in-12, ornés de 12 jolies gravures et d'une carte. *Paris*, 1820. 7 fr. p. 9 fr.

RUSES (les) DES FILOUS DÉVOILÉES, contenant les détails des ruses, finesses, tours astucieux, employés par les filous et escrocs pour faire des dupes. 2 vol. in-12; cinquième édition, augmentée de plus de moitié et ornée de quatre jolies gravures; 1821. 4 fr. p. 5 fr.

SATIRES DE JUVÉNAL, traduites par M. *Dusaulx*, membre de l'Institut; nouvelle édition, augmentée de notes et précédée d'une notice sur la vie du traducteur; par N.-L. *Achaintre*. 2 vol. in-8., imprimé sur beau papier avec les caractères neufs de la fonderie de M. Henry Didot. *Paris*, 1820. 12 fr. p. 14 fr.

— Le même ouvrage, papier vélin. 24 fr. p. 28 fr.

Il n'a été tiré que quelques exemplaires papier vélin.

SOUPERS (les) DE MOMUS, recueil de chansons inédites pour 1821. Huitième année de la collection. 1 fort vol. in-18, orné d'une jolie vignette et titre gravé. *Paris*, 1821. 1 fr. 25 c. p. 2 fr.

SYSTÈME DE LA NATURE, ou lois du monde physique et du monde moral; par le baron d'*Holbach*; nouvelle édition, avec des notes et des corrections; par *Diderot*. 2 volumes in-8. 1820. 9 fr. p. 12 fr.

TABLEAU DE LA GRANDE-BRETAGNE, de l'Irlande et des possessions anglaises dans les quatre parties du monde. 4 volumes in-8. avec cartes géographiques, vues, et les portraits de MM. Pitt et Fox. 15 fr. p. 25 fr.

TABLEAU HISTORIQUE DE L'ÉTAT ET DES PROGRÈS DE LA LITTÉRATURE EN FRANCE, depuis 1789; par M. *J. de Chénier*, troisième édition; 1 vol. in-8. 5. fr. p. 6 fr.

Le même ouvrage. *Paris*, 1821. 1 vol in-18. 2 fr. 50 c. p. 3 fr. 50 c.

TABLEAU HISTORIQUE DES NATIONS, ou rapprochemens des principaux événemens arrivés à la même époque, sur toute la surface de la terre, avec un aperçu général des Arts, des Sciences et des Lettres, depuis l'origine du monde jusqu'à nos jours; par *Étienne Jondot*. 4 volumes in-8. 16 fr. p. 25 fr.

TAXES DES PARTIES CASUELLES DE LA BOUTIQUE DU PAPE, rédigées par Jean XXII, et publiées par Léon X, avec la Fleur des cas de conscience décidés par les Jésuites, publiées par M. *Julien de St.-Acheul*. 1 vol. in-8. 1820. 3. fr. 50 c. p. 5 fr.

THÉATRE DE M. J. DE CHÉNIER. 3 vol. in-8., portrait. 14 fr. p. 20 fr.

Le même ouvrage. 3 vol. in-18., *Paris*, 1821. 8 fr. 50 c. p. 10 fr.

THÉATRE FRANÇAIS ET DE LA FOIRE; par *Lesage*, nouvelle édition, imprimée chez *Didot jeune*, sur beau papier et gros caractères. 2 vol. in-12., ornés de 4 belles vignettes et de 7 feuilles de musique gravée. *Paris*, 1821. 9 fr. p. 12 fr.

Le même ouvrage. 2 vol. in-18, avec les mêmes gravures. *Paris*, 1821. 5 fr. 50 c. p. 7 fr.

TRAITÉ DE PHARMACIE THÉORIQUE ET PRATIQUE, contenant les Élémens et l'Analyse des Formules de tous les médicamens, etc.; par *J.-J. Virey*, docteur en médecine, de la Faculté de Paris, nouvelle édition entièrement refondue. *Paris*, 1819. 2 vol. in-8., fig. 13 fr. p. 15 fr.

VIE ET AMOURS DU CHEVALIER DE FAUBLAS; par *Louvet de Couvray*. 8 vol. in-18, figures. *Paris*, 1820. 5 fr. p. 9 fr.

Le même ouvrage, par 13 pour 12 exemplaires. 4 fr. 50 p. 8 fr.

VOYAGES EN FRANCE ET AUTRES PAYS; par *Racine*, *La Fontaine*, *Regnard*, *Chapelle et Bachaumont*, *Voltaire*, *Bertin*, *Parny*, *Boufflers*, *etc.*, *etc.*; ornés de 36 planches dessinées et gravées par les meilleurs artistes; troisième édition augmentée. *Paris*, 1818. 5 vol. in-18. 11 fr. p. 15 fr.

VOYAGE DU JEUNE ANACHARSIS EN GRÈCE, vers le milieu du quatrième siècle avant l'ère vulgaire; par l'abbé *Barthélemy*, nouvelle édition, imprimée sur beau papier. 7 vol. in-8., atlas *Paris*, 1821. Étienne Ledoux. 55 fr. p. 74 fr..

LIVRES D'INSTRUCTION ET D'AMUSEMENT POUR LA JEUNESSE.

ABRÉGÉ de l'Histoire générale des Voyages, par *Laharpe*, réduit aux traits les plus intéressans et les plus curieux; par *Ant. C****. 2 forts vol. in-12, ornés de 8 jolies figures. *Paris*, 1821. 4 f. 50 c. p. 6 f.

ABRÉGÉ du Lycée, ou cours de Littérature de *Laharpe*; nouvelle édition. *Paris*, 1820. 2 vol. in-12. 3f. 50 c. p. 5f.

ABRÉGÉ de la vie des plus illustres philosophes de l'antiquité avec leurs dogmes, leurs systèmes, leur morale, et un recueil de leurs plus belles maximes, ouvrage destiné à l'éducation de la jeunesse, par *Fr. Salignac de Lamothe-Fénélon*, archevêque de Cambrai et précepteur de M. le duc de Bourgogne; nouvelle édit., revue avec soin. 1 vol. in-12, portrait. *Lyon* 1811. 1 fr. 50 c. p. 2 fr. 50 c.

ABRÉGÉ des Voyages modernes, réduit aux traits les plus intéressans et les plus curieux, faisant suite à l'abrégé des Voyages de *Laharpe* par *Ant. C***. 2 vol. in-12, ornés de 8 jolies gravures. *Paris*, 1821. 4 fr. 50 c. p. 6. fr.

AIMABLE (l') ENFANT, ou conversation d'Édouard, imité de l'éducation pratique de *Miss Edgeworth*, par Mme. *Elisabeth de Bon*. 2 vol. in-12, ornés de huit jolies vignettes. *Paris*, 1821. 5 fr. p. 6. fr.

AMI (l') des Enfans, par *Berquin*, jolie édition. 12 vol.

in-18, ornés de vignettes. *Paris*, 1819. 11 fr. p. 15 fr.

ANNÉE (une) de Bonheur, ou les Récompenses méritées, nouvelles Étrennes à mes Enfans, par l'auteur des Étrennes d'une mère. 1 vol. in-18, ornés de 11 jolies vignettes. 1 fr. 25 c. p. 2 fr.

ANECDOTES et Contes Moraux pour l'instruction de la jeunesse, traduits de l'italien des *Novelle Morali de Soave*. 2 volumes in-18, ornés de 36 figures *Paris*, 1817. 3 fr. 50 c. p. 6 fr.

AVENTURES DE TÉLÉMAQUE. 1 volume in-12, fig. 1 fr. 50 c. p. 3 fr. 50. c.

BEAUTÉS de l'Histoire du Canada, ou époques remarquables, traits intéressans, mœurs, usages, coutumes des habitans du Canada, tant indigènes que colons, depuis sa découverte jusqu'à ce jour par *Damville*. 1 gros vol. in-12, orné de 8 jolies vignettes, *Paris*, 1821. 2 fr. 25. c. p. 3 fr.

BEAUX TRAITS (les) du jeune âge, suivis de l'Histoire d'Angela et du Panthéon des enfans célèbres; par *A. J. Fr. Fréville*, auteur de la vie des enfans célèbres. 1 volume in-12 avec quatre jolies gravures. *Paris*, 1818. 2 fr. 25 c p. 3 fr.

BONS (les) PETITS ENFANS, ou Portraits de mon fils et de ma fille, contes et dialogues à la portée du jeune âge, par Mme. de *Renneville*. 2 vol. in-18, ornés de 8 fig. en taille-douce. *Paris*, 1821. 2 fr. p. 3 fr.

BUFFON (le) des Demoiselles, contenant l'Histoire générale des Oiseaux, et l'Histoire naturelle des Quadrupèdes, des quatres parties du monde, d'après *Buffon*. 4 vol. in-12. ornés de 140 planches. *Paris*, 1819. 9 fr. p. 15 fr.

BUFFON (le nouveau) de la Jeunesse, ou précis élémentaire de l'Histoire naturelle à l'usage des deux sexes. 3e. édition, ornée de 134 figures en taille-douce. 4 forts vol. in-18. *Paris*, 1817. 5 fr. p. 8 fr.

BUFFON (le petit) des enfans, ou trait d'Histoire naturelle des quadrupèdes, reptiles, poissons et oiseaux, 1 vol. in-18, orné de beaucoup de figures représentant plus de 150 animaux. *Paris*, 1821, très-jolie édition, sur beau papier. 1 fr. 25 c. p. 2 fr.

CARACTÈRES (les) de l'Enfance mis en action dans une suite de contes moraux et instructifs 4 vol. in-18 ornés de 64 jolies vignettes en taille-douce. *Paris*, 1821. 4 fr. 50 c. p. 6 fr.

CHEFS-D'OEUVRE de morale, ou recueil en vers et en prose de ce qui a été dit ou écrit de plus utile aux mœurs par les hommes qui ont acquis une grande célébrité dans les temps anciens et modernes, tels que: Plutarque, Cicéron, Sénèque, Fénélon, Pascal, Nicolle, J.-J. Rousseau, La Fontaine, J.-B. Rousseau, Voltaire, Corneille, etc.; ouvrage à l'usage des deux sexes, par *H. Lemaire*. 2 gros vol. in-12 ornés de fig. *Paris*, 1821. 4 fr. 50 c. p. 6 fr.

COIN DU FEU (le) des Braves, ou Manuel des militaires français rentrés dans leurs foyers; revue curieuse et comique de traits (la plupart inédits) d'héroïsme, d'humanité, de grandeur d'âme et de presence d'esprit; de mots heureux, aventures, saillies, et joyeusetés des guerriers français pendant et depuis la révolution. 1 vol. in-18 orné d'une jolie figure. 1 fr. 25 c. p. 1 fr. 50 c.

COIN DU FEU (le) de la bonne Maman, dédié à ses petits-enfans. 2 vol in-18, ornés de 12 jolies grav. 2 fr. p. 3 fr.

CONTES des Fées, par *Perrault*. 1 vol. in-18, très-jolie édition, 1821, avec 12 vignettes et titre gravés. 1 f. 25c. p. 2 fr.

CONTES des Fées, par *Charles Perrault* de l'Académie française, contenant: la Barbe bleue, le Petit Chaperon rouge, etc., etc.; nouvelle édition. 1 fort vol. in-18, papier vélin, orné de 14 jolies vignettes et titre gravé. *Paris*, 1819. 3 fr. 50 c. pour 5 fr.

CONTES DES FÉES, par *Perrault*, in-12, fig. 1 fr. 50 c. p. 3 fr.

CONTES et Historiettes tirés de l'Ami des Enfans de *Berquin*. 1 volume in-18, orné de 7 jolies gravures. 1 fr. 25 c. p. 1 fr. 75 c.

CONTES d'une Marraine, ou historiettes instructives, amusantes et morales, à la portée de l'enfance et de la jeunesse, traduits de l'anglais, sur la sixième édition. 2 vol. in-18, ornés de 8 jolies gravures. 2 fr. p. 3 fr.

CONTES Moraux dédiés à la jeunesse; par *Henri Lemaire*. 2 vol. in-12, ornés de 12 jolies figures. 5 fr. 25 c. p. 7 fr.

CORRESPONDANCE de Prosper et de Juliette pour faire suite aux étrennes d'une mère, par Mme. de *V****. 2 vol. in-18, ornés de jolies gravures. *Paris*, Billois. 2 fr p. 3 fr.

CONVERSATION d'une petite Fille avec sa Poupée, par Mme. de *Renneville*. 1 vol. in-18 orné de 11 jolies vignettes. 1 fr. p. 1 fr. 50 c.

CURIOSITÉS NATURELLES, historiques et morales de l'empire de la Chine, ou choix des traits les plus intéressans de l'histoire de ce pays et des relations des voyageurs qui l'ont visité, par *Ant. C****. 2 forts vol. in-12, ornés de 12 jolies figures. 4 fr. 50 c. p. 6 fr.

ÉDUCATION des Filles, par *Fénélon*; nouvelle et jolie édition ornée du portrait de l'auteur. 1 volume in-18. 1 fr. p. 1 fr. 50.

ÉDUCATION par l'Histoire, ou école des jeunes-gens, contenant des modèles de toutes les vertus de premier ordre, pris parmi les Français de différentes classes, extraits de *Rollin*, *Bossuet*, *Fénélon*, *l'abbé Barthélemy* et autres auteurs célèbres. 1 vol. in-12 orné de 4 jolies. gravures. *Paris*, 1821. 2 fr. 25c. p. 3 fr.

ENFANS (les) de l'Abbaye, traduction de l'anglais de Miss Regina-Maria Roche, par *André Morellet*, nouvelle édition, ornée de figures. 6 volumes in-18. 5 fr. 50 c. p. 7 fr. 50 c.

EXEMPLES (les) célèbres, ou nouveau choix de faits historiques et d'anecdotes propres à orner la mémoire de la jeunesse et à lui inspirer l'amour de toutes les vertus qui peuvent faire le bonheur et la gloire de l'homme en société, rédigé par *H. Lemaire*. 1 vol. in-12, orné de 6 jolies fig. 2 fr. p. 3 fr.

FABLES D'ÉSOPE, avec 60 jolies figures en taille-douce, d'après *Barlow*, collection de gravures piquantes et ingénieuses pour l'amusement et l'instruction de la jeunesse. 1 vol. in-8°. obl. 3 fr. p. 5 fr.

LES MÊMES avec 52 fig. 1 vol in-16. 2 fr. 25 c. p. 3 fr.

FABLES DE FLORIAN, nouvelle édition. 1 vol. in-18 avec titre gravé et 6 figures en taille-douce. *Paris*. 1 fr. p. 1 fr. 50.

FAGOTS (les) de M. Croquemitaine; par l'auteur de l'histoire de Croquemitaine. 2 vol. in-18, 4 fig. 2e. édition augmentée. *Paris*, 1817. 1 fr. p. 1 50 c.

HISTOIRES édifiantes et curieuses tirées des meilleurs auteurs, avec des réflexions morales sur différens sujets, par *Baudran*, nouvelle édition revue et considérablement augmentée. 1 gros volume in-12, orné de 8 fig. *Paris*, 1821. 2 fr. 25 c. p. 3 fr.

HISTORIETTES et conversations, à l'usage des enfans qui commencent à épeler et à lire couramment, suivies de Lydie de Gersain, ou Histoire d'une jeune Anglaise de huit ans. 5 vol. in-18. 2 fr. p. 3 fr.

HISTORIETTES du Père Fabien, ou contes surprenans, destinés à l'instruction et à la récréation de l'enfance;

traduction libre de l'anglais, par *T. P. Bertin*. 1 vol. in-18, orné de 8 jolies vignettes. 1 fr. p. 2 fr.

JEUNES PERSONNES (les), nouvelles par Mme. *de Renneville*. 2 gros vol. in-12, ornés de 10 jolies vignettes, titres gravés et couvertures imprimées. *Paris*, 1821. 6 fr. p. 8 fr.

INCAS (les) ou la destruction du Pérou par *Marmontel*. 2 vol. in-18, ornés de fig. *Paris*, 1817. 2 fr. 50 c. p. 4 fr.

INSTRUCTIONS sur l'Histoire de France et romaine, par *Leragois*; suivies d'un abrégé de géographie, de l'histoire poétique, des métamorphoses, d'Ovide et d'un recueil de proverbes et de bons mots; avec les portraits des rois; nouvelle édition totalement revue et corrigée, continuée jusqu'en 1820; augmentée d'un précis des mœurs, lois et usages des Français, sous les trois races; d'un abrégé de l'histoire ancienne et d'une chronologie en vers; par M. *Moustalon*, auteur du lycée de la jeunesse. 2 vol. in-12 de 600 pages. 2 fr. 25 c. p. 3 fr.

INSTRUCTIONS sur l'Histoire de France et sur l'Histoire romaine, suivies d'un abrégé des Métamorphoses d'Ovide, et d'un recueil de proverbes ou sentences, par *Leragois*, nouvelle édition, revue, corrigée, augmentée jusqu'au retour de Louis XVIII, le 8 juillet 1815, 1 gros vol. in-12. *Avignon*, 1820. 2 fr. p. 3 fr.

LANTERNE (la) Magique ou Spectacle amusant et moral, donné par un père de famille à ses enfans, traduit de l'anglais par *Bertin*. 2 vol. in-18, ornés de 12 jolies gravures. 2 fr. p. 3 fr.

LECTURES POÉTIQUES, morales et descriptives, ou choix d'épisodes sur la religion, les mœurs, l'histoire, les beaux-arts et les productions de la nature, extraits de *L. Racine*, *Voltaire*, *Roucher*, *Saint-Lambert*, *Delille*, *Castel*, etc.; précédé des élémens de prosodie française, par *A. F. J. Fréville*, auteur de la Vie des Enfans célèbres; ouvrage propre à exercer la mémoire des jeunes gens, et à leur donner le goût de l'étude et de la littérature par le charme des beaux vers. 1 vol. in-12 de 540 pages, avec trois jolies gravures. (1810.) 3 fr. p. 4 fr. 50 c.

LECTURES pour les Enfans, ou choix de petits contes également propres à les amuser et à leur inspirer le goût de la vertu. 5 vol. in-18. 2 fr. p. 3 fr.

LIVRET (le) Couleur de Rose, ou historiettes et contes nouveaux à l'usage du premier âge; par madame de *St.-Spérat*, auteur de plusieurs ouvrages d'éducation 1 vol. in-18, orné de 11 fig. 1 fr. p. 1 fr. 50.

LYRE (la) de Famille, ou manuel poétique de la nouvelle année, des mariages, naissances, fêtes patronales, etc., etc. 1 vol. in-18 avec une jolie fig. 1 fr. p. 1 fr. 50 c.

MARINS (les) Français, depuis le commencement de la monarchie française jusqu'à nos jours; ou recueil de traits de bravoure, de beaux faits d'armes; etc., etc., 1 vol. in-18, fig. 1 fr. p. 1 fr. 50 c.

MÈRE (la) Gateau, ou l'ennemie des fameux Croquemitaine, Bras-de-Fer, Sans-Pitié, etc., ouvrage traduit de l'anglais et orné de fig.; par *Théodore*, âgé de 12 ans. 1 vol. in-18, jolies vignettes, 1821. 75 c. p. 1 fr. 25c.

MÉNAGERIE (la) du Muséum d'histoire naturelle, ou les animaux vivans, avec des observations curieuses faites sur les individus de chaque espèce; par MM. *Lacepède*, *Cuvier*, *Geoffroy*, et autres savans naturalistes; ornée de 58 figures dessinées d'après nature, par M. *Maréchal*, peintre du Muséum, et gravées par M. *Miger*; édition originale, augmentée en 1817 de la description de huit animaux et de dix-huit gravures; par les mêmes auteurs. 2 forts vol. in-12. *Paris*, 1817. 7 fr. p. 12 fr.

MILLE (les) ET UNE NUITS, contes arabes, traduits en français par *Galland*, nouvelle édition imprimée sur papier fin d'Angoulême. 7 vol. in-18 de 500 pages chacun, et ornés de 36 jolies gravures. 12 fr. p. 18 fr.

MORCEAUX choisis de Bossuet. 1 vol. in-18. *Paris*, 1817. 1 fr. 25 c. p. 2 fr.

MORCEAUX choisis de Bourdaloue. 1 vol. in-18. *Paris*, 1817. 1 fr. 25 c. p. 2 fr.

MORCEAUX choisis des caractères de Labruyère; ouvrage destiné à l'éducation, précédé d'une notice sur cet auteur, et accompagné de notes; par *Philippon de la Madeleine*. 1 gros vol. in-12. 1 fr. 60 c. p. 2 fr. 50 c.

MORCEAUX choisis de Fénélon. 1 vol. in-18. *Paris*, 1821. 1 fr. 50 c. p. 2 fr.

MORALE (la) en action, ou élite de faits mémorables et d'anecdotes instructives; à l'usage des colléges et maisons d'éducation. 1 gros vol. in-12, gros caractères, orné de 4 gravures. Paris, 1820. 1 fr. 75 c. p. 3 fr.

MORALE (la) du jeune âge, ou choix de contes, fables, et histoires analogues à ses devoirs et à ses goûts; ouvrage dans lequel la distinction de ces trois genres de récits se trouve établie et démontrée par des exemples; troisième édition. 2 vol. in-18 ornés, de 48 jolies gravures. Paris. 2 fr. 60 c. p. 3 fr. 60 c.

MORALE (la) des poëtes, ou pensées extraites des plus célèbres poëtes latins et français, avec l'indication de celles que ceux-ci ont imitées des premiers; nouvelle édition augmentée des pensées de Delille; par *Moustalon*, auteur du lycée de la jeunesse. 1 gros vol. in-12 2 f. 50 c. p. 3 f. 50 c.

MORT (la) d'Abel, poëme en 5 chants, traduits de l'allemand de Gessner, par *Hubert*. 1 vol. in-12. *Paris*, Arthus-Bertrand. 1 fr. 25 c p. 2 fr.

NOUVEAU TRAITÉ élémentaire de la morale et du bonheur, ou précis des vertus et des connaissances propres à orner l'esprit et former le goût; par P. *Fluguer*. 2 vol. in-12, fig. *Paris*, 1814. 3 fr. 50 c. p. 6 fr.

NEWTON (le) de la jeunesse, ou dialogues instructifs et amusans entre un père et sa petite famille, sur la physique, l'astronomie et la chimie; traduit de l'anglais, par *Bertin*. 6 vol. in-18, avec beaucoup de fig. et le portrait de l'auteur. *Paris*, Brunot-Labbe. 6 fr p. 9 fr.

ORNEMENS de la mémoire, ou les traits brillans des poëtes français les plus célèbres, avec des dissertations sur chaque genre de style, par *Allets*. 1 vol. in-18 avec figures. 1 fr. 25 c. p. 2 fr.

PARAFARAGARAMUS, ou Croquignole et sa famille, folie dédiée aux écoliers par l'auteur de Croquemitaine, etc. 1 vol. in-18, orné de 4 jolies gravures. *Paris*, Ledoux et Tenré, 1818. 1 fr. p. 1 fr. 50 c.

PASSE-TEMPS de la jeunesse, ou contes moraux amusans et instructifs, à l'usage de l'enfance et de l'adolescence; traduit de l'anglais par M. *Bertin*; deuxième édition. 2 vol. in-18, ornés de 53 jolies fig. 2 fr. p. 3 fr.

PETITS (les) Braves, ou les enfans courageux; ouvrage renfermant les traits de valeur, d'intrépidité, de grandeur d'âme, d'héroïsme et d'humanité des jeunes gens. 1 vol. in-12, orné de gravures. 1 fr. 50 c. p. 3 fr.

PETIT (le) CHARBONNIER de la Forêt Noire, ou le miroir magique; conte moral à l'usage des enfans; par Mme. de *Renneville*. 1 vol. in-18, orné de 4 jolies gravures. 1 fr. p. 1 fr. 50 c.

PETITE (la) CENDRILLON, ou histoire d'une jeune orpheline; par l'auteur du coin du feu de la bonne maman. 1 vol. in-18, orné de 6 jolies gravures. *Paris.* 1 fr. p. 1 fr. 50 c.

PETITS CONTES et conseils à mes jeunes enfans, convenables à la première enfance, pour les deux sexes, ornés de 24 vignettes en taille-douce. 1 vol. in-12. *Paris*, 1821. 1 fr. 50 c. p. 2 fr. 50 c.

PETIT (le) CONTEUR de poche, ou l'art d'échapper à l'ennui; choix amusant et portatif d'anecdotes historiques, curieuses, galantes, bons mots, saillies, naïvetés, etc.; troisième édition considérablement augmentée. 1 vol. in-18 orné, d'une jolie figure. 1 fr. p. 1 fr. 50 c.

PETIT DICTIONNAIRE historique d'éducation, ou recueil alphabétique de traits de l'histoire ancienne et de l'histoire moderne, les plus propres à former le cœur et l'esprit de la jeunesse. 1 gros vol. in-12 de 700 pages orné, d'une jolie fig. *Paris*, 1820. 3 fr. 50 c. p. 5 fr.

PETIT MAGASIN des Enfans, ou recueil de contes moraux propres à former leur cœur et à les faire aimer dans la société, 3e. édition. 1 vol. in-18, fig. 75 c. p. 1 fr. 25 c.

PETITS (les) Moralistes, ou histoire d'Édouard et de Florella, ouvrage traduit de l'anglais. 1 vol. in-18, orné de 11 fig. *Paris.* 1 fr. p. 1 fr. 50 c.

PETIT PIERRE (le) ou la famille du concierge, suivi de contes et historiettes traduits de l'anglais, par *T. P Bertin.* 2 vol. in-18, orné de 12 jolies vignettes. 1821. 1 fr. p. 2 fr.

POLICHINELLE Instituteur, sur le théâtre duquel on voit figurer mademoiselle Fanferluche, Rustaud, monsieur Brise-Ménage, etc., par l'auteur des fagots de Croquemitaine, 2e. édition. 1 vol. in-18, orné de 4 jolies grav. *Paris*, 1820. 1 fr. p. 1 fr. 50 c.

PRÉCEPTEUR (le) des enfans, ou livre du second âge, dédié aux pères et mères de famille, contenant en abrégé les articles qui suivent : religion, ancien testament, géographie, troisième race des rois de France, quadrupèdes, mythologie, et des contes; 7e. édition entièrement refondue, par Mme. *de Renneville.* 1 vol. in-12, orné de jolies grav. *Paris*, 1818. 1 fr. 50 c. p. 2 fr. 50. c.

PRÉCIS de l'Histoire des Empereurs romains, depuis Auguste jusqu'à la translation de l'empire à Constantinople, avec des anecdotes historiques sur les principaux personnages qui ont vécu à cette époque, etc., etc.; ouvrage destiné à l'instruction de la jeunesse. 1 fort vol. orné de 12 jolies vignettes. 2 fr. 25 c. p. 3 fr.

PRÉSENT (le) MATERNEL, ou la semaine amusante et instructive, ouvrage consacré à la jeunesse, traduit de l'anglais, par *T. P. Bertin.* 2 vol. in-18, ornés de 8 fig. en taille-douce. 2 fr. p. 3 fr.

RÉCRÉATIONS d'Eugénie, contes propres à former le cœur et à développer la raison des enfans, 2e. édition. 1 vol. in-18, orné de jolies gravures. *Paris*, 1820. 1 fr. p. 1 fr. 50 c.

RÉCRÉATIONS de la jeunesse, contenant des maximes de morale, des traits choisis d'histoire, anecdotes historiettes et abrégé des voyages, à l'usage des deux sexes. 1 gros vol. in-18 fig. 1 fr. 25 c. p. 2 fr.

RETOUR (le) des Vendanges, contes moraux et instructifs à la portée des enfans de différens âges par Mme. *de Renneville*, 2e. édition revue et corrigée. 4 vol. in-18, ornés de 16 jolies fig. en taille-douce. 4 fr. 50 c. p. 6 fr.

SCIENCE (la) en Miniature, ou collection des arts et métiers utiles, mis à la portée de la jeunesse; traduction de l'anglais, par *Bertin.* 2 volumes in-18, ornés de 24 fig. 2 fr. 50 c. p. 4 fr.

SOUVENIRS (les) de mon grand-père, ou Il était une fois, contes modernes et moraux, par M^{e}. *La Comtesse du Nardouet.* 1 vol. in-18, fig. 75 c. p. 1 fr. 25 c.

TABLEAUX de l'enfance, par Mme. *de Renneville.* 1 vol. in-18, orné de 10 vignettes. *Paris.* 1 fr. p. 1 fr. 50 c.

VERTUS du christianisme, ou recueil de traits sublimes inspirés par la religion. 1 vol. in-12, orné de 4 fig., 2e. édition. *Paris*, 1820. 2 fr. 25 c. p. 3 fr.

VIE des enfans célèbres, ou modèle du jeune âge; par *A. F. J. Fréville*; cinquième édition, corrigée et augmentée. 2 vol. in-12 avec 4 jolies figures. *Paris*, 1820. 3 fr. 50 c. p. 5 fr.

VOLIÈRE (la) de la jeunesse, ou cours complet d'étude sur l'histoire naturelle des oiseaux, avec la manière de les élever, et suivi d'un traité sur l'art de les empailler. 2 volumes in-12, ornés de 64 planches. *Paris*, 1819. 6 fr. p. 10 fr.

JURISPRUDENCE,

SCIENCES ET ARTS, LITTÉRATURE, VOYAGES.

ABRÉGÉ de l'histoire de la Grèce, par *Goldsmith.* 1 vol. in-12. 1 fr. 75 c. p. 2 fr. 50 c.

ABRÉGÉ de l'Histoire romaine, par *Goldsmith.* 1 vol. in-12. 1 fr. 75 c. p. 2 fr. 50 c.

ABRÉGÉ de la nouvelle méthode de Port-Royal pour apprendre la langue latine. *Paris*, Barbou. 1 vol. in-12. 1 fr. 50 c. p. 2 fr. 50 c.

ABRÉGÉ de toutes les sciences et géographie à l'usage des enfans, avec un précis historique de l'établissement et des révolutions de chaque empire de l'Europe; nouvelle édition, ornée de cartes et figures. *Lyon*, 1811. 1 fr. 75 c. p. 2 fr. 50 c.

AGRICULTURE (de l') des Anciens, par *Adam Dickson*, traduit de l'anglais. 2 vol. in-8°., titres gravés et 4 belles vignettes en taille-douce. *Paris.* 7 fr. p. 12 fr.

AMOURS secrètes de Napoléon Bonaparte et de sa famille cinquième édition avec fig. 6 vol in-12, par le baron de *B***. 13 fr. 50 c. p. 18 fr.

ANNALES du Crime et de l'Innocence, ou choix de causes célèbres, réduites à la partie historique. 20 vol. in-12. 28 fr. p. 40 fr.

ANALYSE de la Philosophie de Bâcon. Leyde, 1778, 2 vol. in-12. 2 fr. 50 c. p. 6 fr.

ANERIES révolutionnaires, ou Balourdisiana, etc., anecdotes de nos jours, recueillies par C***. 2e. édition, 1 vol. in-18, fig. enluminée. 75 c. p. 1 fr.

APOLOGIE de la révolution française et de ses admirateurs anglais; en réponse aux attaques d'Edmund Burke; avec quelques remarques sur le dernier ouvrage de M. de Calonne, par *Jacques Mackintosh*; ouvrage traduit de l'anglais sur la 3e. édition. 1 vol. in-8°. *Paris*, Buisson. 1792. 2 50 c. p. 5 fr.

ARANÉOLOGIE (de l') ou sur la découverte du rapport constant entre l'apparition et la disparition; le travail ou le repos, le plus ou moins d'étendue des toiles et des fils d'attaches des araignées des différentes espèces, etc., par *Quatremère-Disjonval*, membre de l'Académie des Sciences de Paris, adjudant général batave. *Paris*, 1797. 2 fr. p. 5 fr.

ART (l') de faire, gouverner et perfectionner les vins, par le citoyen *Chaptal*, ministre de l'intérieur, membre de l'Institut national, et des sociétés d'agriculture des départemens de la Seine, Morbihan, Hérault, etc.; édition originale seule avouée par l'auteur. 1 vol. in-8°. *Paris*, Delalain, fils, 1801. 2 fr. 50 c. p. 4 fr.

ARMÉES (les) françaises, depuis le commencement de la révolution jusqu'à la fin du règne de Bonaparte. 1 vol. in-18, orné d'une jolie fig., troisième édit. 1 f. p. 1 fr. 50 c.

ARITHMÉTIQUE (traité d'), par *J.-G. Garnier*, professeur doyen de la faculté des sciences de l'université de Gand, ancien professeur aux écoles Polythecnique et royale militaire de Saint-Cyr, etc., etc.; quatrième édition. 1 vol. in-8. 1818. 3 fr. p. 4 fr.

ARITHMÉTIQUE (l') pratique, analysée et démontrée dans tous ses développemens et dans ses différentes applications à tous les usages du commerce, de la banque, de la finance, des arts et métiers; par M. *Edmond Degrange*, auteur de la tenue des livres rendue facile, membre de la société académique des sciences de Paris. 2 vol. in-8. *Paris*. 5 fr. p. 10 fr.

BIBLIOTHÉQUE (nouvelle) des romans, composée par Mme. *de Genlis*, MM. *Fiévée*, *Desfontaines*, etc. 112 vol. in-12. 85 fr. p. 175 fr.

BIEVRIANA, ou jeux de mots de M. de Bièvre. 1 vol. in-18, fig. 75 c. p. 1 fr.

BOTANIQUE (la) des Dames, par *Herbin*. 1 vol. in-8, avec 9 fig. 1 fr. 50 c. p. 3 fr.

BOTANISTE (le) cultivateur, ou description, culture et usage de la plus grande partie des plantes étrangères, naturalisées et indigènes, cultivées en France et en Angleterre, rangées suivant la méthode de Jussieu; par M. *Dumont de Courset*, correspondant de l'Institut de France, de plusieurs académies et sociétés savantes: tome cinquième supplémentaire, dédié à S. M. l'impératrice et reine. 1 vol. in-8. *Paris*, Art. Bertrand. 1805. 5 p. 7 fr.

BRIGAND (le) par vengeance; histoire véritable de Socivisca, fameux chef des Aïduco-Morlaques. 1 vol. in-18, orné d'une jolie fig. 1 fr. p. 1 fr. 50 c.

CLEF (la) d'or; ou l'art de gagner à la loterie, suivant les calculs cabalistiques de Cagliostro. 1 vol. in-18. 75 c. p. 1 fr. 25 c.

CODE DE COMMERCE. *Paris*, Clément, 1811. in-8. 2 fr. 50 c. p. 7 fr.

CODE de procédure civile et conférences de ce code, avec les lois précédentes; par *Dufour*. *Paris*, 1807. 2 vol. in-8. 6 fr. p. 12 fr.

CODE raisonné de navigation; par *Devaux*. *Paris*, 1807. in-8. 3 fr. p. 6 fr.

CONFÉRENCES du Code de procédure civile, avec les lois précédentes, (à l'imitation des conférences de Bornier); par *Dufour*. *Paris*, 1808. 2 vol. in-8. 6 fr. p. 12 f.

CONJURATION de Maximilien Robespierre; par *Montjoie*. 2 vol. in-18. 1 fr. 50 c. p. 2 fr. 50 c.

COMPTES faits à la manière de Barême, sur les nouveaux poids et mesures, avec les prix proportionnels, à l'usage des commerçans, marchands, détaillans, etc.; par *Charles Haros*. 1 vol. in-12. 1 fr. 25 c. p. 2 fr.

CONTES de Boccace); traduction nouvelle, augmentée de divers contes et nouvelles, imités de ce poëte célèbre, par divers auteurs, et enrichie de notes par *Sabattier de Castres*. 11 vol. in-18, ornés de 128 jolies gravures. 14 fr. p. 24 fr.

CONTES et Romans de Voltaire, avec des notes et des observations critiques, par *Palissot*. *Paris*, 1792. 2 vol. in-8. 6 fr. p. 10 fr.

CONVERSATION (la); poëme par *Jacques Delille*. 1 vol. in-8, grand papier, 5 fig. *Paris*, Michaud. 3 fr 50 c. p. 7 fr.

CORRESPONDANCE de Charette, chef des Vendéens. 2 vol. in-8. 7 fr. p. 10 fr.

CORRESPONDANCE originale et inédite de J.-J. Rousseau avec madame Latour de Franqueville et M. Dupeyron. 2 vol. in-8, belle édition. *Paris*, Michaud. 7 f. p. 10 f.

COURS de Thèmes, rédigé d'après les rudimens adoptés et recommandés par l'université; suivi d'un petit dictionnaire de tous les noms propres employés dans l'ouvrage; par *Pierre Dantal*, professeur de rhétorique, etc., etc. 2 vol. in-12. *Lyon*. 1812. 3 fr. p. 5 fr.

DANGER (le) des Souvenirs, par M. *Delacroix*, juge au tribunal civil de Versailles, auteur de l'ouvrage sur les constitutions de l'Europe, nouvelle édition. *Paris*, Bossange. 1806. 2 vol. in-8. 4 fr. p. 10 fr.

Ouvrage saisi par la police de Bonaparte.

DESCRIPTION anatomique d'un éléphant mâle; par *Pierre Camper*, professeur en médecine, anatomie et chirurgie à l'athénée d'Amsterdam, membre des Académies impériales et royales de Paris, de Londres, de St.-Pétersbourg, de Berlin, etc., etc., publiée par son fils *A.-G. Camper*, membre de beaucoup de sociétés savantes. 1 vol. grand in-fol., superbe édition, ornée d'un beau portrait et de vingt planches grand in-fol. *Paris*, Jansen (ouvrage rare). 40 fr. p. 60 fr.

DIABLE (le) BOITEUX, augmenté des Béquilles du Diable boiteux; superbe édition de l'imprimerie de Frantin de *Dijon*. 2 vol. in-8. 1797. 5 fr. p. 10 fr.

DIABLE (le) ERMITE, ou les mœurs du jour et de la nuit; aventures comiques, satiriques et morales d'un ancien miroitier du faubourg St.-Antoine, qui, tout comme un autre, s'avise de fronder les travers de ses concitoyens. 1 vol. in-18, orné d'une jolie fig. 1 fr. p. 1 fr. 50 c.

DIALOGUES des morts anciens et modernes, avec quelques fables pour l'éducation d'un prince, par *François Salignac de la Mothe Fénélon*; nouvelle édition. 1 gros vol. in-12. *Paris*, Nyon aîné. 1 fr. 50 c. p. 2 fr. 50 c.

DICTIONNAIRE abrégé d'histoire naturelle; par d'anciens professeurs; ouvrage consacré aux progrès des sciences, de l'agriculture et des arts. *Paris*, 1807. 2 vol. in-8, à deux colonnes. 10 fr. p. 15 fr.

DICTIONNAIRE des arbitrages simples, considérés par rapport à la France, dans les changes entre les villes commerçantes, tant de l'Europe que des autres parties du monde, et qui ont une correspondance mutuelle; par *Fr. Corbaux*, junior, négociant. 2 gros vol. in-4. *Paris*, Renouard, 1802, grand papier. 36 fr. p. 72 fr.

DICTIONNAIRE bibliographique, historique et critique des livres rares, précieux, singuliers, curieux, estimés et recherchés des auteurs connus et inconnus, avec leur valeur; suivi d'un Essai de bibliographie, ouvrage utile et nécessaire à tous littérateurs, bibliographes, bibliophiles, par *Cailleau*. 4 gros vol. in-8, avec le supplément; par M. *Brunet*. 18 fr. p. 28 fr.

DICTIONNAIRE français-espagnol et espagnol-français, avec l'interprétation latine de chaque mot, fidèlement rédigé d'après la dernière édition du dictionnaire de l'Académie royale espagnole, celui de l'Académie française, et les autres lexicographes les plus estimés chez les deux nations, et plus amples que tous les dictionnaires qui ont paru jusqu'à ce jour; par *C.-M. Gattel*, professeur de grammaire générale à l'école centrale du département de l'Isère, membre de la société des arts et des sciences de Grenoble, de l'académie de Lyon, etc., etc.; nouvelle édition, revue et corrigée par l'auteur, augmentée dans la partie espagnole-française, et surtout dans la partie française-espagnole d'un grand nombre de mots qui ne se trouvaient point dans l'édition précédente; suivie d'un vocabulaire géographique, et d'un vocabulaire des mots nouveaux introduits depuis la révolution dans la langue française. 2 gros vol. in-4. *Lyon*, Bruyset et compagnie. 20 fr. p. 36 fr.

DICTIONNAIRE de physique, dédié au roi; neuvième édition; par *Aimé-Henri Paulian. Avignon*, Niel, 1779, 5 vol. in-8. avec 14 planches in-4. 15 fr. p. 30 fr.

DICTIONNAIRE pour servir à l'intelligence des auteurs classiques, grecs et latins, par *Christophe. Paris*, 1803. 2 vol. in-8. 10 p. 15 fr.

DISCOURS sur le gouvernement, par *Algeron Sidney*; traduit de l'anglais par *P.-A. Samson*; nouvelle édition conforme à celle de 1702, avec cette épigraphe : La liberté est la mère des vertus, de l'ordre et de la durée d'un état; l'esclavage, au contraire, ne produit que des vices, de la lâcheté et de la misère. 3 forts vol. in-8. *Paris*, an 2 de la république. 10 fr. p. 15 fr.

DISCOURS sur l'histoire universelle, depuis Charlemagne jusqu'à nos jours, faisant suite à celui de Bossuet; par *P.-L.-C. Gin*, ancien jurisconsulte. 2 vol. in-12. *Paris*, 1802. 2 fr. 50 c. p. 4 fr.

DISCOURS sur l'histoire universelle, à monseigneur le Dauphin, avec la continuation jusqu'à l'an 1700; par messire *Jacques Bénigne Bossuet*, évêque de Meaux. 2 vol. in-12. *Lyon*, 1811. 3 fr. p. 5 fr.

DISSERTATION sur l'origine de la boussole; par M. *D. Azuni*, ancien sénateur, membre des Académies de Turin, Naples, Florence, Modène, etc., etc. 1 vol. in-8. *Paris*, Renouard, 1805. 1 fr. p. 4 fr.

ÉCOLE (l') du Jardin potager, contenant la description exacte de toutes les plantes potagères, leur culture, les qualités de terre, les situations et les climats qui leur sont propres, leurs propriétés, les différens moyens de les multiplier, les temps de recueillir les graines, leur durée, etc., etc.; par M. *de Combles*; cinquième édition, augmentée du Traité de la culture des pêchers, du même auteur, et à laquelle on a joint la manière de semer en toute saison. *Paris*, 1802. 2 vol. in-12. 4 fr. p. 7 fr. 50 c.

ÉCOLIER (l') de Brienne, ou le chambellan indiscret, mémoires historiques et inédits, publiés par M. le baron de *B****, auteur des Mémoires secrets sur Napoléon Bonaparte, ouvrage orné de *fac simile. Paris*, 1817. 3 vol. in-12. 5 fr. p. 10 fr.

ÉCHO (l') des Salons de Paris, depuis la restauration, ou recueil d'anecdotes sur l'ex-empereur Buonaparte, sa cour et ses agens, de pièces officielles inédites ou peu connues, relatives à plusieurs événemens de son règne. 3 vol. in-12, *Paris*. 6 fr. p. 10 fr.

ÉDUCATION pratique d'Adolphe et de Gustave, ou recueil des leçons données par J. L. *Jauffret*, à ses enfans. 6 vol. in-12. Paris, 1806. 7 fr. p. 12 fr.

ENCORE un Tableau de Paris, par *Henrion*, 1 vol. in-12, avec cette épigraphe : « C'est un mélange monstrueux de beautés sublimes et de défauts révoltans. » *Paris*, an VIII. 1 fr p. 2 fr.

ENCYCLOPÉDIE morale, contenant les devoirs de l'homme en société, ou économie de la vie civile, traduit de l'anglais, par madame de *Rivarol*, 1 vol. in-12. *Paris*, 1803. 1 fr. 50 c. p. 2 fr. 50 c.

ENFANS (les) chéris de la victoire, faits historiques des généraux, officiers, soldats, qui, par leurs belles actions, ont honoré le nom français. 1 volume in-12, fig. 1 fr. 50 c. p. 3 fr.

EXPÉRIENCES physiques sur les rapports de combustibilité des bois entre eux, formant un supplément à la science forestière, par *George-Louis-Hartig*, conseiller supérieur des forêts du prince de *Nassau*, etc., etc., ouvrage traduit de l'allemand pour l'administration générale des forêts par *Baudrillart*. 1 vol in-12. *Paris*, Artus Bertrand, 1807. 1 fr. 25 c. p. 2 fr. 50 c.

ÉPOQUES (recueil des) les plus intéressantes de l'histoire universelle par *Luneau de Bois-Germain*. 1 vol. in-12, orné d'une superbe carte papier Grand Monde. 3 fr. p. 4 fr 50 c.

ESSAI sur le Beau; nouvelle édition augmentée de six discours sur le modus, sur le décorum, sur les grâces, sur l'amour du beau, sur l'amour désintéressé; par le père *André. Paris*. 1 gros volume in-12. 2 fr. p. 3 fr.

ESSAIS sur l'Histoire naturelle des quadrupèdes de la province du Paraguay; par *Don-Felix d'Azara*, capitaine de vaisseau de la marine espagnole, citoyen de la ville de l'Assomption, capitale du Paraguay, etc., etc., etc., avec un appendice sur quelques reptiles et formant suite nécessaire aux œuvres de *Buffon*, traduits sur les manuscrits inédits de l'auteur, par M. *L. C. Moreaux de St.-Mery*, conseiller d'état. 2 forts vol. in-8°. 5 fr. p. 10. fr.

ESSAIS sur le monde, par *Azaïs*. 1 vol. in-8°. *Paris*. 1 fr. 25 c. p. 2 fr. 50 c.

ESPION (l') anglais, ou correspondance entre deux Milords, sur les mœurs publiques et privées des Français. 2 vol. in-8. 7 fr. p. 10 fr.

ESPRIT (l') de la Ligue, ou histoire politique des troubles de France pendant les 16 et 17e. siècles, par M. *Anquetil*, cinquième édition, revue, corrigée et augmentée. 3 gros vol. in-12. *Paris*, Nicolle. 5 fr. p. 7 fr. 50 c.

ESPRIT, maximes et principes de J.-J. Rousseau de Genève. 1 fort vol. in-8., belle édition. *Neufchâtel*. 1764. 2 fr. 50 c. p. 5 fr.

FABLES, par *A. V. Arnault* de l'Institut impérial, de l'Académie de Madrid, etc. 1 vol. in-12, orné d'une jolie vignette oblongue. *Paris*, Chaumerot. 2 fr. p. 3 fr.

FABLES D'ÉSOPE et de *Lochman*, traduction nouvelle augmentée de 28 fables d'Esope qui n'ont jamais paru; ouvrage propre à donner une idée précise de la géographie de l'histoire naturelle, et des mœurs de l'antiquité; in-8. 2 fr. 50. c. p. 5 fr.

FABLES D'ESOPE, mises en français, avec le sens moral en quatre vers et les quatrains de Benserade, nouvelle édition ornée de 226 fig. en bois. *Paris*, libraires associés. 1803. 2 fr. p. 3 fr.

FABLES, par *Étienne Gosse*, membre de la société Philotechnique. 1 vol. in-12 avec une jolie vignette. *Paris*, 1819. 2 fr. p. 3 fr.

FABLES de La Fontaine, avec un nouveau commentaire par *Costes*. 2 vol. in-12. *Lyon*, 1804. 2 fr. p. 3 fr. 50 c.

FABLES de La Fontaine. 2 vol. in-12. *Tulle*. 2 fr. p. 3 fr.

FABLES de Mancino Nivernois, publiées par lui-même. 2 vol. in-8., portrait. *Paris*, Didot. 5 fr. p. 12 fr.

FANTASMAGORIANA, ou l'histoire de tous les spectres, apparitions, revenans et fantômes, etc. 2 vol. in-12. 4 fr. p. 5 fr.

FÉLICIA, ou mes fredaines. *Londres*, 4 vol. in-18, fig. 3 fr. p. 6 f.

FLEUR (la) du vaudeville, ou recueil des plus jolies couplets chantés sur ce théâtre pendant les années 1816 et 1817. 1 vol. in-18, orné d'une jolie fig. 1 fr. 25 c. p. 2 fr.

GARDE A VOUS, ou les fripons et leurs dupes, ou aventures plaisantes des filous les plus renommés de la capitale, destinées à mettre les honnêtes gens en garde, etc. 1 vol. in-18, orné de jolies gravures. *Paris*, 1820. 1 fr. p. 1 fr. 50 c.

GÉOGRAPHIE élémentaire, à l'usage des colléges, avec un précis de la sphère; par *Fr. Robert*, géographe ordinaire du roi, membre de l'Académie royale de Berlin, de l'Institut de Bologne; douzième édition revue soigneusement d'après les actes du congrès de Vienne et autres traités les plus récens, et enrichie de 7 belles cartes neuves, gravées avec le plus grand soin. 1 vol. in-12. 1 fr. 75 c. p. 2 fr. 50 c.

GRAMMAIRE anglaise-française; par MM. *Miège* et *Boyer*, contenant une méthode claire et facile pour acquérir en peu de temps l'usage de l'anglais, des dialogues utiles et récréatifs, etc.; nouvelle édition. 1 vol. in-12. *Lyon.* 1 fr. 50 c. p. 3 fr.

GRAMMAIRE anglaise-française; par MM. *Miège* et *Roger*. 1 vol. petit in-8. 2 fr. 50 c. p. 5 fr.

GRAMMAIRE espagnole de *Port-Royal*; nouvelle édition à laquelle on a ajouté des notes explicatives puisées dans la grammaire de Madrid, une liste des abréviations de la langue espagnole, et une nomenclature des choses les plus usuelles; par *J.-T. Merle*. 1 fort vol. in-8. *Paris*, 1808. 2 fr. 25 c. p. 3 fr. 60 c.

GRAMMAIRE des dames, ou nouveau traité d'orthographe française, réduite aux règles les plus simples, et justifiée par des morceaux de poésie, d'histoire, de morale, les plus propres à former l'esprit et le cœur; par *Barthélemi* de Grenoble; sixième édition. 1 vol. in-8. 3 fr. p. 5 fr.

GRAMMAIRE des dames; par *Imbert*. 2 vol. in-18. *Paris.* 1 fr. 50 c. p. 3 fr.

GRAMMAIRE française, analytique et littéraire; ouvrage simple et méthodique, dans lequel tous les ouvrages de cette langue sont analysés d'après la nature de nos conceptions; par *Colin d'Ambly*, membre de l'athénée de la langue française. 1 vol. in-8; deuxième édition. 3 fr. 50 c. p. 5 fr.

GRAMMAIRE française simplifiée; par *Urbain Domergue*; quatrième édition, revue et augmentée. 1 vol. in-12. *Paris*, Guillaume. 1 fr. p. 2 fr. 50 c.

GRENADIERS (les) français, ou les soldats immortels; recueil de faits historiques et mémorables, précédés d'une notice sur *La Tour d'Auvergne*. 1 vol. in-12, figure. 1 fr. 50 c. p. 2 fr. 50 c.

GUIDE (le) du Voyageur en Suisse, précédé d'un discours sur l'état politique du pays, avec une description détaillée de chaque ville et des principales curiosités qui s'y rencontrent, 1 fort vol. in-12. *Paris*, Buisson. 1 f. 50 c. p. 3 f.

ERMITAGE (l') SAINT-JACQUES, ou Dieu, l'Honneur et la Patrie; par M. *Ducray-Duminil*. 4 vol. in-12. 7 fr. p. 10 fr.

HISTOIRE abrégée de la révolution française et des malheurs qu'elle a occasionés depuis 1789 jusqu'à 1800; par l'auteur de l'histoire du règne de Louis XVI. 3 vol. in-8, fig. 11 fr. p. 15 fr.

HISTOIRE de l'ancienne Grèce, avec deux belles cartes. 2 vol. in-8. 6 fr. p. 8 fr.

HISTOIRE des deux Faux Dauphins, par M. *Alphonse de Beauchamp*. 2 vol. in-12. avec deux jolis portraits. 3 fr. 75 c. p. 5 fr.

Le même ouvrage. 1 vol. in-8. fig. 4 fr. 50 c. p. 6 fr.

HISTOIRE du Donjon et du Château de Vincennes, depuis leur origine jusqu'à la chute de Bonaparte, contenant des détails intéressans sur les princes, les rois, les ministres, et autres personnages célèbres qui ont habité Vincennes, ainsi que des détails intéressans sur l'enlèvement et la mort tragique du duc d'Enghien. 3 vol. in-8. deuxième édition avec figures. 11 fr. p. 15 fr.

HISTOIRE de France avant Clovis, précédant et faisant partie de l'histoire de France, commencée par MM. *Velly* et *Villaret*, et continuée par M. *Garnier*, historiographe du roi; par M. *Laureau*, écuyer de Mgr. le comte d'Artois. 1 vol. in-4. *Paris*, Nyon.

Cet ouvrage est rare dans le commerce. 10 fr. p. 15 fr.

HISTOIRE de France depuis la mort de Louis XIV jusqu'à la paix de Versailles de 1783, par *Fantin Des Odoarts*. 8 vol. in-12. *Paris*, Moutard. 12 fr. p. 25 fr.

HISTOIRE de France de *Velly*, *Villaret* et *Garnier*. 16 vol. in-4. *Paris*. Desaint, superbe édition. 100 fr. p. 175 fr.

HISTOIRE des Guerres des Gaulois et des Français en Italie, avec le tableau des événemens civils et militaires qui les accompagnèrent, et de leur influence sur la civilation et les progrès de l'esprit humain, par l'adjudant général *Auguste Jubé* et par *Joseph Servan*, général de division. 5 vol. in-8, papier vélin. *Paris*, 1805. 35 fr. p. 60 fr.

HISTOIRE d'Irlande depuis l'invasion de Henri II, avec un discours préliminaire sur l'ancien état de ce royaume, par *Thomas Leland*, docteur en théologie. 7 vol. in-12. *Maestricht*, 1779. 12 fr. p. 20 fr.

HISTOIRE de Madame Élisabeth de France, sœur de Louis XVI, avec des détails sur ce qui s'est passé de plus remarquable pendant sa détention au Temple, jusqu'à sa mort, auxquels on a joint un grand nombre de pièces et et de lettres écrites par elle-même, 3e. édition. 3 vol. in-18. ornés de figures. 2 fr. 25 c. p. 3 fr.

HISTOIRE de madame de Maintenon. 2 vol. in-12. 4 fr. p. 6 fr.

HISTOIRE particulière de l'Abeille commune, considérée dans tous ses rapports avec l'histoire générale de l'homme, en quatorze parties et en cent cinquante-sept paragraphes, avec 6 planches en taille-douce. 2 vol. in-8. *Paris*, Agasse. 6 fr. p. 10 fr.

HISTOIRE des révolutions de Suède, où l'on voit les changemens qui sont arrivés dans ce royaume, au sujet de la religion et du gouvernement; par M. l'abbé *de Vertot*, de l'académie royale des inscriptions et belles-lettres. 2 vol. in-12. *Lyon.* 2 fr. 75 c. p. 4 fr.

HISTOIRE de Tamerlan, empereur des Mogols et conquérant de l'Asie. 2 vol. in-12. 2 fr. p. 5 fr.

HISTORIETTES nouvelles en vers; par *Imbert*. *Paris*, Delalain. 1 vol. in-8, grand-raisin. 3 fr. p. 5 fr.

HOCHETS (les) de ma jeunesse, par le chevalier *Dorat de Cubières*. 2 vol. in-8, fig. et culs-de-lampe. *Amsterdam*. 6 fr. p. 12 fr.

HOMME (l') des champs, poëme par *Jacques Delille*. 1 vol. in-8, fig. 4 fr. p. 6 fr.

JARDINS (les), poëme; par *J. Delille*. *Paris*, 1801. 1 vol. in-8, grand-raisin, fig. 3 fr. p. 5 fr.

JEAN-JACQUES, ou le réveille-matin des représentans. 1789. In-12. 1 fr. p. 3 fr.

JEAN ET JEANNETTE, ou les petits aventuriers parisiens; par *Ducray-Duminil*. 4 vol. in-12, ornés de 4 jolies gravures. 7 fr. p. 10 fr.

JÉRUSALEM DÉLIVRÉE, en vers français; par *Baour-Lormian*. *Paris*, 1792. 2 vol. in-8, fig. 4 fr. p. 8 fr.

IDYLLES et Contes champêtres, par *Leclère*; nouvelle édition. 2 vol. in-12, avec 6 jolies vignettes et musique gravée. *Paris*, 1806. 4 fr. p. 6 fr.

ILE SAINTE-HÉLÈNE; par *O'Meara*. In-8. 3 fr. p. 4 fr.

LANGUE (la) des calculs; ouvrage posthume et élémentaire de *Condillac*, imprimé sur les manuscrits autographes de l'auteur. 2 vol. in-18. *Paris*, libraires associés. 1 fr. 50 c. p. 3 fr.

LETTRES DE CICÉRON, qu'on nomme vulgairement familières, traduites en français sur les éditions de Grœvius et de M. l'abbé d'Olivet, avec des notes continuelles; par M. l'abbé *Prévost*, aumônier de S. A. S monseigneur le prince de Conti. 5 vol. in-12. *Lyon*, Amable Leroi, 1810. 10 fr. p. 15 fr.

LETTRES A ÉMILIE; par *C.-A. Demoustier*. 6 vol. in-18, papier grand-raisin. 62 fig. 9 fr. p. 15 fr.

LES MÊMES. 6 vol. in-18. 12 fig. 4 fr. p. 6 fr.

LES MÊMES. 6 vol. in-18, 6 fig. 3 fr. p. 4 fr.

LETTRES A ÉMILIE sur la mythologie; par *C.-A. Demoustier*. 2 vol. in-12, fig. *Paris*, 1819. 3 fr. p. 4 fr. 50 c.

LETTRES d'un Français à un Allemand, servant de réponse à M. de Kotzebue, et de supplément aux mémoires secrets sur la Russie. In-8, par *C.-F. Ph. Masson*, secrétaire des commandemens du grand duc Alexandre Paulowitz. 2 fr. p. 4 fr.

LETTRES inédites de madame Manson, publiées par elle-même. *Paris*, 1819. In-8. 1 fr. 50 c. p. 5 fr.

LETTRES de mademoiselle de Lespinasse; nouvelle édition, augmentée de son éloge, sous le nom d'Éliza; par M. *de Guibert*. 2 vol. in-12. 4 fr. p. 6 fr.

LETTRES de Ninon de l'Enclos au marquis de Sévigné. 2 vol. in-18. *Paris*, nouvelle édition. 2 fr. p. 3 fr.

LUNE (la), ou le pays des coqs; histoire merveilleuse, incroyable et véridique, contenant les principaux traits de la vie de Pélican XXXI, papa des coqs et du casoar son mignon; par un homme qui a voyagé dans la lune. 1 vol in-12. 2 fr. p. 3 fr.

MANIÈRE d'allaiter les enfans à la main, au défaut de nourrices. *Paris*, 1786. In-12. 75 c. p. 1 fr. 50 c.

MANUEL du fileur cordier; par *d'Apligny*. 1 vol. in-8, avec gravures en taille-douce. 1 fr. 75 c. p. 3 fr.

MANUEL de santé et d'économie domestique, ou exposé des découvertes modernes, telles que le moyen de prévenir les effets du méphitisme, de désinfecter l'air, de purifier les eaux corrompues, de revivifier une partie des alimens, etc.; suivi d'observations, de recherches et de procédés utiles à toutes les classes de la société, par *Augustin Caron*; deuxième édition. 1 vol. in-12. Debray, 1810. 1 fr. 25 c. p. 2 fr. 50 c.

MANUEL vétérinaire, ou traité des plantes qui conviennent à la nourriture des chevaux, bestiaux, etc., etc. 1 gros vol. in-8. 4 fr. p. 6 fr.

MÉTHODE (nouvelle) allemande selon le traité de la manière d'apprendre les langues par *Gérau de Palmfeld*, professeur de langue allemande. 2 volumes in-8. *Paris*, Demonville, 2e. édition. 6 fr. p. 10 fr.

MÉTHODE ÉLÉMENTAIRE et amusante, pour étudier la cosmographie, la géographie et l'histoire, composée pour l'usage des mères de famille, qui veulent suivre l'éducation de leurs enfans, et les mettre en état de concevoir avec facilité les bons ouvrages faits pour ces différentes parties. in-8. 1 fr. 25 c. p. 3 fr.

MÉTHODE pour étudier la langue latine, à l'usage des lycées et des écoles secondaires; par *Guéroult*, ancien professeur de rhétorique. 1 volume in-12. 1819. 1 fr. p. 1 fr. 50 c.

MÉMOIRES du Baron de Tott, sur les Turcs et les Tartares. 4 vol. in-8. 6 fr. p. 12 fr.

MÉMOIRES du Comte de Grammont; par *Hamilton*; nouvelle édition. 2 vol. in-12, ornés de 2 gravures. *Paris*, 1818. 3 fr. p 4 fr. 50 c.

MÉMOIRES Historiques de madame la comtesse Dubarry, dernière maîtresse de Louis XV, pendant les années 1790 1791 et 1792, avec le jugement qui l'a condamnée à mort par le tribunal révolutionnaire. 4 vol. in-12, portrait. 5 fr. p. 8 fr.

MÉMOIRES historiques et politiques d'un fou de qualité. par l'auteur des Amours de Bonaparte. 1 volume in-8. *Paris*, 1819. 3 fr. p. 6 fr.

MÉMOIRES sur la révolution française par M. le marquis *de Bouillié*. 2 vol. in-8. 4 fr. p. 6 fr.

MÉMOIRES historiques de la princesse de Lamballe, une des principales victimes des journées des 2 et 3 septembre 1792, publiés par Me. *Guénard*, baronne de Méré; 4e. édition. 2 vol. in-12, fig. 4 fr. p. 5 fr.

MÉMOIRES de mademoiselle de Montpensier, petite-fille de Henry IV, contenant ce quelle a vu et ce qui lui est arrivé pendant les dernières années de la vie de Louis XIII, la minorité et le règne de Louis XIV, écrits par elle-même, revus corrigés et mis en ordre par M. *de Boissy*. 4 vol. in-12, portrait. 7 fr. p. 12 fr.

MÉMOIRE sur le mouvement moléculaire et sur la chaleur, présenté à la classe des siences physiques et mathématiques, le 15 septembre 1806; suivi d'un coup d'œil général sur le système du monde et d'une lettre à M. Delaplace, par *Azaïs*. *Paris*, Arthus Bertrand. 1806. 1 fr. 25 c. p. 3. fr.

MÉMOIRES pour servir à l'histoire de la religion à la fin du 18e. siècle. 2. vol. in-8. *Paris*, Leclerc. 1803, ouvrage coutenant un grand nombre de faits peu connus sur les prêtres martyrs de la révolution. 8 fr. p. 12 fr.

MÉMOIRES pour servir à l'histoire de France. An 1815. in-8. 2 fr. 50. p. 4 fr.

MÉMOIRES pour servir à l'histoire de la vie d'un homme célèbre. 2 vol. in-8. 1820. 8 fr. p. 10 fr.

MÉMOIRES politiques et militaires, pour servir à l'histoire secrète de la révolution française, puisés dans les mémoires manuscrits de différens généraux, commandans de places, espions et agens secrets, tant en France que chez l'étranger. 2 volumes in-8. *Paris*, Buisson. 6 fr. p. 10 fr.

MÉMOIRES politiques et militaires pour servir à l'histoire de Louis XIV et Louis XV, composés sur les pièces originales recueillies par *Adrien Maurice*, duc de Noailles, maréchal de France et ministre d'état; par M. l'abbé *Millot*, des Académies de Lyon et de Nancy. *Paris*. 6 forts vol. in-12. 10 fr. p. 15.

MÉMOIRES de Préville, membre associé de l'Institut de France, professeur de déclamation au conservatoire et comédien français, par *K. S. H.* 1 vol. in-8. orné du Portrait de Préville. *Paris*. 2 fr. p. 4 fr.

MÉMOIRES sur la respiration, par *Lazare Spallanzani*; traduits en français, par *Jean Sennebier*, membre de différentes Académies et sociétés savantes, associé correspondant de l'Institut national, bibliothécaire à Genève. 1 vol. in-8. *Genève*, Paschoud, 1803. 3 fr. p. 5 fr.

MÉMOIRES de la société médicale d'émulation, séante à l'école de médecine de Paris, contenant, l'éloge de François Péron, la liste des membres de la société médicale d'émulation de Paris, et 12 mémoires sur différens sujets concernant la médecine, par messieurs *Broussais*, *Mérat*, *Ribes*, *Martin*, *Vering*, *Marc*, *Kéraudren*, *Hamdera*, *Hebréard*, *Delaporte*, *Léveillé et Miel*, dédiés à son président honoraire perpétuel le baron Corvisart; tom. 7e. 1 vol. in-8. de 600 pages orné du portrait de Corvisart et de 9 planches en taille-douce. 5 fr. p. 7 fr. 50 c.

MOEURS (les). 3 vol. in-18, nouvelle édition. *Amsterdam*, 1795. 3 fr. 5c. p 5 fr.

NÉCESSITÉ (de la) de l'instruction pour les femmes, par Me. *Gacon Dufour*. In-12. 1 fr. 50 p. 3 fr.
NOUVELLE méthode d'enseignement pour la première enfance; par madame *de Genlis*. 1 vol. in-12. 2 fr. p. 3 fr.
NOUVELLE méthode pour enseigner le français aux demoiselles, ou le guide des mères qui dirigent elles-mêmes l'éducation de leurs filles; par mademoiselle *Vauvilliers*; deuxième édition. 1 vol. in-12. 2 fr. p. 3 fr.
NOUVEAU (le) Cagliostro, ouvrage contenant la composition et la décomposition des quatre-vingt-dix numéros de la loterie; suivi du Dictionnaire universel des rêves, songes, visions. 1 gros vol. in-12, orné de 7 fig. 4. f. p. 5 f.
NOUVEAUX élémens de la langue latine, ou Cours de thèmes français-latins, à l'usage des classes inférieures, telles que la 4e., 5e., 6e. et 7e. 4 vol. vol. in-12. *Lyon*, 1811. 6 fr. p. 10 fr.
NOUVEAU (le) Furgole, ou traité des testamens, des donations entre vifs, et de toutes autres dispositions à titre gratuit; par *A.-T. Desquiron*. 2 vol. in-4. 1810. 18 fr. p. 36 fr.
NOUVEAU (le) VALIN, ou Code commercial maritime; par *Laporte*. *Paris*, 1809. 1 vol. in-4. 12 fr. p. 18 fr.
NUITS (les) D'YOUNG, traduites de l'anglais par *Letourneur*; nouvelle et jolie édition. 2 vol. in-18, ornés de 2 fig. 2 fr. p. 3 fr.
ODES DE PINDARE, unique traduction complète en prose poétique; par *C.-P.-L. Gin*, ancien magistrat. 1 vol. in-8. *Paris*, Art. Bertrand. 1801. 3 fr. p. 5 fr.
OEUVRES de Boileau Despréaux. 2 vol. petit in-12. *Paris*, 1782. 3 fr. p. 4 fr.
ŒUVRES choisies de Boileau, à l'usage des pensionnats et universités. 1 vol. in-18. *Lyon*. 1 fr. p. 1 fr. 50 c.
OEUVRES choisies de Boileau Despréaux, à l'usage des colléges. 1 vol. in-12. *Paris*, 1818, gros caractères. 1 fr. p. 2 fr.
OEUVRES choisies de Gresset. 1 vol. in-12. *Paris*, libraires associés. 1818. 1 fr. p. 2 fr.
OEUVRES choisies de Panard, hommage rendu à sa mémoire; par *Armand Gouffé*, ornées du portrait de Panard. 3 vol. in-18. 2 fr. p. 3 fr.
ŒUVRES choisies de Pélisson, de l'Académie française, faisant suite aux œuvres choisies de St.-Réal, St.-Évremont, précédées d'une notice sur la vie, le caractère et les ouvrages de Pélisson, par *Desessarts*. 1805. 3 f. p. 5 f.
OEUVRES choisies de Perse, avec la construction du texte et la version interlinéaire; par *Stenger*. *Moulins*, in-12. 1 fr. p. 2 fr.
OEUVRES choisies de Piron. *Paris*, 1806. 3 vol. in-18. 2 fr. 50 c. p. 4 fr. 50 c.
OEUVRES choisies de Saint-Évremont, faisant suite aux œuvres de Saint-Réal, et précédées d'une notice sur la vie, le caractère et les ouvrages de Saint-Évremont; par *N.-L.-M. Desessart*. 1 vol. in-12, jolie édition, sur papier vélin. *Paris*, Desessart, 1805. 4 fr. p. 6 fr.
OEUVRES de Dumarsais. *Paris*, 1797. 7 vol. in-8. 20 fr. p. 28 fr.
OEUVRES philosophiques de Condillac. *Paris*, Dufart, 6 vol. in-18, 1795. 6 fr. p. 10 fr.
OEUVRES posthumes de *Thomas*, de l'Académie française. 2 vol. in-8. *Paris*, Desessarts, 1802 avec une épître dédicatoire à Ducis. 6 fr. p. 10 fr.
LES MÊMES. 2 vol. in-12. 3 fr. p. 5. fr.
PANORAMA de Paris. 2 vol. in-12. fig. 4 fr. p. 6 fr.
PEUPLE (le) instruit par ses propres vertus, ou Cours complet d'Instructions et d'Anecdotes recueillies dans nos meilleurs auteurs, et rassemblées pour consacrer les belles actions du peuple et l'engager à en renouveler les exemples. Ouvrage classique, principalement destiné au peuple des villes et des campagnes; rédigé par *Bérenger*. 3 vol. in-12. *Paris*, Nyon, 1805. 5 fr. p. 7 fr. 50 c.
PICHEGRU et Moreau. 1 vol. in-12. 1 fr. 25 c. p. 3 fr.
POÉSIES D'HORACE, traduites en français par l'abbé *Le batteux*. 2 vol. in-18., jolie édition. *Avignon*, 1813. 3 fr. p. 4 fr.
POUR (le) ET LE CONTRE, Recueil complet des opinions prononcées à l'assemblée conventionnelle dans le procès de Louis XVI. On y a joint toutes les pièces authentiques de la procédure. 7 vol. in-8. *Paris*, Buisson, l'an 1er. de république. 20 f. p. 30 fr.
PRÉCIS HISTORIQUE sur Napoléon Bonaparte, neuvième édition. 1 vol. in-12. 75 c. p. 1 fr.
PRINCIPES de Bossuet et de Fénélon sur la souveraineté. 1 vol. in-8. 2 fr. 25 c. p. 3 fr.
PRINCIPES généraux et raisonnés de la Grammaire française, par M. *Restaut*, nouvelle édition, revue et corrigée avec soin. *Paris*, Genets, 1803. 1 fort vol. in-12. 1 fr. 50 c. p. 2 fr. 50 c.
PRINCIPES généraux et raisonnés de la Grammaire française. par *Restaut*, *Paris*, Delalain, 1815. 2 fr. p. 3 fr.
PROCÈS instruit par la Cour de justice criminelle et spéciale, contre Georges, Moreau et autres prévenus de conspiration contre la personne du 1er. Consul, recueilli par des Sténographes. 2 vol. in-8. *Paris*, Patris. 7 fr. p. 12 fr.
PROCÈS de Louis XVI, roi de France; de Marie-Antoinette, de madame Élisabeth, et de Philippe d'Orléans, auxquels se trouvent jointes des pièces secrètes et inconnues sur ce qui s'est passé dans la tour du Temple et à la Conciergerie, pendant leur captivité. 2 vol. in-8, ornés de 6 portraits et 3 vignettes. 9 fr. p. 12 fr.
PUCELLE (la) de Voltaire; édition Cazin. *Londres*, 1790. vol. in-18. 1 fr. 50 c. p. 3 f.
LE MÊME OUVRAGE. 1 vol. in-18. *Paris*, 1804. 1 fr. 25 c. p. 2 fr. 50 c.
PUCELLE (la), poëme en 21 chants; par M. *de Voltaire*; édition conforme à l'originale, publiée en 1784, avec les notes et les variantes. 2 vol. in-12, avec beaucoup de fig. *Paris*. 3 fr. p. 5 fr.
QUADRILLE (le) des enfans, ou système nouveau de lecture, avec lequel tout enfant de quatre à cinq ans peut, par le moyen de 88 figures, être mis en état de lire sans faute à l'ouverture de toutes sortes de livres en trois ou quatre mois, et même plus tôt, selon les dispositions de l'enfant. 1 vol. in-8, avec fig. en taille-douce. *Paris*, 1820. 1 fr. 50c. p. 3 fr.
RECHERCHES philosophiques sur l'origine de nos idées du sublime et du beau; par *Edmon Burke*, traduit de l'anglais sur la septième édition, avec un précis de la vie de l'auteur. 1 vol. in-8, avec un portrait de Burke. *Paris*, 1803. 5 fr. p. 8 fr.
Rare dans le commerce.
RÉCOLTE (la) de l'Ermite, ou choix de morceaux d'histoire peu connus. 4 fr. p. 5 fr.
RECUEIL des oraisons funèbres prononcées par Fléchier et Bossuet. 2 vol. in-12, jolie édition. *Riom*, Salles. 2 fr. p. 3 fr.
RECUEIL des oraisons funèbres prononcées par messire *Jules Mascaron*, évêque et comte d'Agen, prédicateur ordinaire du roi; nouvelle édition. 1 vol. in-12. *Paris*. 1 fr. 25 c. p. 2 fr. 50 c.
RÈGNE DE RICHARD III, ou doutes sur les crimes qui

lui sont imputés; par M. *Horace Valpole*; traduit de l'anglais par Louis Louis XVI, imprimé sur le manuscrit écrit en entier de sa main, avec des notes. 1 vol. in-8. 2 fr. 25 c. p. 3 fr.

RELATION abrégée d'un voyage fait dans l'intérieur de l'Amérique méridionale; par M. *de la Condamine*, de l'académie des sciences, avec une carte de la rivière du Maragon, levée par le même; nouvelle édition augmentée de la relation de l'émeute populaire de Cuença au Pérou, avec une gravure. 1 vol. in-8. *Maestricht*, 1778. 3 fr. p. 5 fr.

RELIGION (la) vengée et triomphante, poëme en dix chants; par le cardinal de *Bernis*. 1 vol. in-8. 2 f. 50 c. p. 3 f. 50 c.

REMARQUES sur la langue française; par M. l'abbé *d'Olivet*; nouvelle édition, revue et augmentée de deux lettres de l'abbé *Lebatteux*, sur l'accent prosodique et sur l'accent oratoire. 1 vol. in-12. Delalain. 1 fr. 50 c. p. 2 fr. 50 c.

REPAIRES (les) du Crime, ou Histoire des Brigands fameux en Espagne, en Italie, etc.; deuxième édition augmentée d'un coup d'œil sur les bandes de Schinderhanne et autres associés des bords du Rhin. 1 vol. in-18, ornée d'une très-jolie figure. 1 fr. p. 1 fr. 50 c

SAISONS (les), poëme traduit de l'anglais de *Tompson*. 1 vol. in-12, jolie édition ornée de 4 jolies vignettes. *Paris*, 1819. 1 fr. 25 c. p. 2 fr. 50 c.

SINGULARITÉS, Anglaises, Écossaises, Irlandaises, ou Recueil d'anecdotes curieuses, d'actions bizarres et traits piquans propres à faire connaître l'esprit, les mœurs et le caractère des peuple de la Grande-Bretagne, extraites et traduites pour la plupart des journaux anglais et des voyages les plus récens. 2 vol. in-12. *Paris*, 1813. 4 fr. p. 6 fr.

SIX (les) FUITES de Bonaparte, y compris la dernière de Waterloo. 1 vol. in-8. 2 fr. p. 3 fr.

SOLITUDE (la), considérée relativement à l'esprit et au cœur, traduit de l'allemand de *Zimmermann* par *Mercier*, 3ᵉ. édition. 2 vol. in-12. *Paris*, 1819. 3 f. 50 c p. 5 fr.

SYNONYMES Français, par *Diderot*, *d'Alembert* et *de Jaucourt*; suivis d'une table alphabétique dans laquelle on trouve les renvois des différentes significations qui conviennent à chaque synonyme. 1. vol. in-12. *Paris* 1 fr. 25 c. p. 2 fr. 50 c.

SYNONYMES Français, par l'abbé *Girard*, augmentés par *Beauzée*, 2 vol. in-12. *Paris*, an 6. 3 f. 50 c. p. 5 fr.

SYNONYMES Français; leurs différentes significations, et le choix qu'il faut en faire pour parler avec justesse, par *Girard*, nouvelle édition, la plus complète qui ait paru jusqu'à ce jour, mise dans un nouvel ordre, enrichie de notes, et augmentée des synonymes par *Bauzée*, *d'Alembert*, *Diderot*, *Marmontel*, extraits de l'Encyclopédie et de tous ceux de *Roubaud* qui n'ont pas été expliqués par ces divers écrivains. 3 vol. in-12. *Bordeaux*. 5 fr. p. 7 fr. 50 c

SUPPLÉMENT (quatrième et dernier) à toutes les éditions du Dictionnaire historique des Grands Hommes, et notamment l'édition publiée en 1789, en 9 vol in-8., par une société de gens de lettres. 4 gros vol. in-8., contenant l'histoire de tous les personnages qui ont joué un rôle dans la révolution française, ou en ont été les victimes: par *Chaudon et Delandine*; jolie édit. *Lyon*, 1805. 16 fr. p. 20 fr

TABLEAU de l'Amour Conjugal, par *Nicolas Venette*, docteur en médecine; nouvelle édition ornée de 12 figures. 2 vol. in-12. *Paris*, 1818. 3 fr. 50 c. p. 5 fr

TABLEAU de l'Amour Conjugal, par *Nicolas Venette*, docteur en Médecine; nouvelle édition imprimée sur celle de 1751. 4 vol. in-18. ornés de 12 vignettes en taille-douce. 3 fr. 50 p. 6 fr.

TABLEAU de l'Italie, contenant des anecdotes curieuses et intéressantes, par M. *d'Archenkolz*, ancien capitaine au service de S. M. le roi de Prusse, traduit de l'allemand. 2 vol. in-12. *Bruxelles*, Lefranc. 1798. 2 fr. p. 5 fr.

TABLEAU des Systèmes de Botanique généraux et particuliers par le citoyen *Mouton-Fontenille*, membre de la société de médecine de Lyon. 1 gros vol. in-8. *Lyon*, 1798. 4 fr. p. 6 fr.

THÉATRE de l'Ermitage de l'impératrice Catherine II. 2 vol. in-8. *Paris*, an 7. 6 fr. p. 10 fr.

THÉATRE DE FLORIAN, 3 vol. in-18, papier fin, très-jolie édition ornée de 12 vig. de Queverdo. 3 f. 50 c. p. 5 f.

TENUE (la) des Livres de Commerce à parties simples et à parties doubles; ouvrage utile à ceux qui désirent s'instruire dans cette science; par *Blondel*, teneur de livres. 1 gros vol. in-4. *Lyon*, Savy. 6 fr. p. 10 fr.

TESTAMENT historique et politique d'Alompra, empereur des Birmans. 3 vol. in-8. avec une jolie gravure représentant l'empereur dans son sénat. 15 fr. p. 18 fr.

TROPES (des) et de la construction oratoire, par MM. *Dumarsais* et *Lebatteux*. 1 vol. in-12. *Paris*, 1810. 1 fr. 25 c. p. 2 fr. 50 c.

TROIS (les) SIÈCLES de la peinture en France, par *Gault de Saint-Germain*. in-8. *Paris*, 1808. 3 fr. p. 6. fr.

TRAITÉ des arbres fruitiers extraits des meilleurs auteurs, par la Société Économique de Berne, traduit de l'allemand, et considérablement augmenté par un membre de ladite Société. 2 vol. in-12. *Yverdun*, 1787. 3 fr. 50 p. 5 fr.

TRAITÉ d'Arithmétique, par *Trincano*. 1 vol. in-8. 3 fr. p 6 fr.

TRAITÉ complet des contrats et obligations et des privilèges et hypothèques, d'après les lois nouvelles motivées et d'après la jurisprudence suprême des arrêts de la cour de Cassation; par *A.-G. Daubenton*, avocat à la cour royale de Paris. 3 vol. in-12. 7 fr. 50 c. p. 9 fr.

TRAITÉ des Délits et des Peines en matière d'eaux et forêts, par *Dralet*. 1 vol. in-12. *Paris*, 1807. 2 fr. p. 3 fr.

TRAITÉ de la Fièvre maligne, et des fièvres compliquées de malignité, par M. *Chambon de Montaux*, de la faculté de médecine de Paris, de la société royale de médecine, médecin de l'hôpital de la Salpêtrière. 4 gros vol. in-12. *Paris*. 6 fr. p. 12 fr.

TRAITÉ général du Commerce, contenant des observations sur le commerce des principaux états de l'Europe, la production et l'industrie de chaque pays; les qualités des principales marchandises qui passent dans l'étranger, etc., etc.; par *Samuel Ricard*. 3 gros vol. in-4. *Paris*, 1799. 18 fr. p. 36 fr.

TRAITÉ des Maladies Vénériennes, traduit du latin de M. *Astruc*; 4ᵉ. édition revue et augmentée de remarques par M *Louis*, professeur et associé libre de la société royale des sciences de Montpellier. 4 gros vol. in-12. 6 fr. p. 12 fr.

TRAITÉ des Odeurs, par *Dejean*. 1 vol. in-12. *Paris*, 1797. 1 fr 50 c 2 fr. 50 c.

TRAITÉ de l'Origine des Romans, par *Huet*, évêque d'Avranches, suivi d'observations et de jugemens sur les romans français, avec l'indication des meilleurs romans qui ont paru, surtout pendant le 18ᵉ. siècle jusqu'à ce jour. 1 vol. in-18. grand raisin. *Paris* Desessarts. 1 fr. 50 c. p 3 fr.

TRAITÉ de tous les papiers de crédit de commerce; par *Boucher*. 2 vol. in-8. *Paris*, 1808. 7 fr. p. 12 fr.

TRAITÉ du plantage et de la culture des principales plantes potagères, recueilli du dictionnaire anglais de M. *Miller*, par les soins de la société économique de Berne, 1 vol. in-12. Yverdun. 1 fr. 25 c p. 2 fr. 50 c.

TRAITÉ de Procédure civile et commerciale, contenant, dans un ordre méthodique, l'indication de tous les actes nécessaires à l'instruction des procès, et les règles d'après lesquelles ils doivent être faits, depuis la citation en conciliation à l'exploit introductif de l'instance, jusqu'au jugement définitif, etc., suivi de toutes les formules des actes relatifs à la procédure civile et commerciale; par M. *Hautefeuille*. 1 vol. in-4. *Paris*, 1812. 8 fr. p. 18 fr.

TRAITÉ des Successions, d'après les dispositions du Code civil, contenant 109 tableaux, précédé d'une explication des lois de la paternité et de la filiation, suivi d'une table raisonnée des matières, par *H. Martin* (de l'Indre), notaire à Issoudun. 2 vol. in-8. *Paris*, 1811. 6 fr. p. 12 fr.

TRAITÉ théorique et pratique sur la culture de la vigne, avec l'art de faire le vin, les eaux-de-vie, esprits-de-vin, vinaigres simples et composés, par M. *Chaptal*, ministre de l'intérieur, conseiller d'état, etc., etc. M. l'abbé *Rosier*, membre de plusieurs académies, auteur du Cours d'Agriculture, MM. *Parmentier*, de l'institut national et *Dussieux*, de la société d'agriculture de Paris. Ouvrage dans lequel se trouvent les meilleures méthodes pour faire gouverner et perfectionner les vins et eaux-de-vie, avec un grand nombre de planches représentant les diverses espèces de vignes, les machines et instrumens servant à la fabrication des vins et eaux-de-vie. 2 vol. in-8. *Paris*, Delalain, 1801. (Ouvrage entièrement épuisé dans le commerce.)

VICTOIRES et conquêtes des armées françaises, ou recueil historique de hauts faits qui ont immortalisé le nom français. 8e. édition in-18. 75 c. p. 1 fr 25 c.

VIE DE L'EMPEREUR JULIEN, par l'abbé *de la Bletterie*, professeur d'éloquence au collége royal. 1 vol. in-12, belle édition. *Riom*, 1819. 1 fr. 50 c. p. 2 fr. 50 c.

VIE et fin déplorable de madame de Budoy, trouvée en janvier 1814, entièrement nue et vivante dans les montagnes des Pyrénées. 2 gros vol. in-12 avec de jolies vignettes. 5 fr. p. 6 fr.

VIE de Fouché, duc d'Otrante, ex-ministre de la police, depuis son entrée à la convention nationale jusqu'à sa mort. 1 vol. in-12 avec son portrait. *Paris*, 1821. 2 fr. 25 c. p. 3 fr.

VIE de Jeanne de Saint-Remy de Valois, ci-devant comtesse de la Motte, contenant un recueil extrait des événemens qui ont contribué à l'élever à la dignité de confidente et favorite de la reine de France, avec plusieurs particularités relatives au collier de diamans, à son évasion, etc. 2e. édition. 2 vol. in-8. 6 fr p. 12 fr.

VIE PRIVÉE, politique et morale de Lazare-Nicolas-Marguerite Carnot, ex-lieutenant général, ex-ministre, etc. 1 vol. in-12. 1 fr. 50 c. p. 2 fr.

VIE publique et privée de Chrétien-Guillaume de Lamoignon de Malbesherbes, ancien président à la cour des aides et l'un des défenseurs de Louis XVI. 1 vol. in-8. 2 fr. 25 c. p. 3 fr

VISIR (le), anecdote chinoise, qui peut par certaines personnes être considérée comme l'histoire du ministre d'un roi de France. 1 vol. in-8. 3 fr. 75 c. p. 4 fr.

VOYAGE en Abyssinie entrepris par ordre du gouvernement britannique, exécuté dans les années 1809 et 1810, et dédié à S. A. R. le prince régent d'Angleterre par *Henri Salt*, écuyer, traduit de l'anglais par *P.-F. Henry*, accompagné d'un Altas, composé de plus de trente superbes cartes, plans, inscriptions, portraits et vues diverses dressés et dessinés par l'auteur. 2 vol. in-8. *Paris*, Magimel, 1816. 15 fr. p. 25. fr.

VOYAGE par le Cap de Bonne-Espérance à Batavia, à Bantam et au Bengale, en 1768, 1769, 1770 et 1771, par *Stavorinus*, chef d'escadre de la république batave, avec des observations sur la navigation et le commerce de ces contrées, ainsi que sur le caractère, les mœurs et la religion des peuples qui l'habitent; traduit du hollandais, par *Jansen*, avec cartes, plans et figures. *Paris*, Jansen. 1798. 4 fr. p. 6 fr.

VOYAGES de Cyrus, suivis d'un discours sur la mythologie, par M. *Ramsay*; nouvelle édition revue et augmentée de notes géographiques, historiques, mythologiques, par *Philippon de la Madeleine* 1 gros vol. in-12 avec 3 jolies gravures. *Paris*, 1810. 2 fr. p. 3 fr.

VOYAGE (nouveau) en Danemarck, Suède, Russie, Pologne et dans le Jutland, la Norwège, la Livonie, le Duché de Courlande et la Prusse; traduit de l'anglais de Villiams Coxe. 2 vol. in-8. ornés de deux cartes et 1 fig. *Paris*, Volland, 1800. 7 fr. p. 12 fr.

VOYAGE dans les États-Unis de l'Amérique, fait en 1784; contenant une description de sa situation présente, de sa population agriculture, commerce, coutumes et mœurs de ses habitans, etc., etc., avec quelques anecdotes sur plusieurs membres du congres et officiers généraux de l'armée américaine, par *Smith*, traduit de l'anglais. 2 vol. in-8. *Paris*, Buisson, 1791. 4 fr. p. 10 fr.

VOYAGE d'une Famille Galloise en Angleterre et en Écosse; — description des lieux et mœurs des habitans; ouvrage philosophique, politique, utile et agréable, tratraduit de l'anglais de l'auteur de Roderich Random. 2 vol. in-12. *Genève*, Manget, 1792. 3 fr. 50 c. p 6 fr.

VOYAGES chez différentes nations sauvages de l'Amérique septentrionale, etc.; par *J. Long*, trafiquant et interprète de langue italienne; traduit de l'anglais, par *Billecocq* et ornés d'une carte des pays situés à l'ouest du Canada, gravée par Tardieu. 1 volume in-8. 2 fr. 25 c. p. 3 fr. 60 c.

VOYAGE d'un Français fugitif dans les années 1791 et suivantes. 2 gros vol. in-12. *Paris*, 1817. 5 fr. p. 7 fr. 50 c.

VOYAGE dans l'intérieur des États-Unis, à Bath, Winchester, dans la vallée de Shenandoha, etc., etc., pendant l'été de 1791; par *Ferdinand Bayard*. 1 vol. in-8. 1796. 4 fr. p. 6 fr.

VOYAGE de La Pérouse autour du monde. *Paris*, 1778. 4 vol. in-8. 18 fr. p. 30 fr.

VOYAGE en Norwège, en Danemarck et en Russie, dans les années 1788, 89, 90 et 91; par *Swinton*, traduit de l'anglais par *P.-Fr. Henry*: suivi d'une lettre de *Richer-Serysy* 2 vol. in-8. *Paris*. 7 fr. p. 12 fr.

VOYAGE de Paul Bérenger dans Paris, après 45 ans d'absence, ou description historique et comparée de l'ancien et du nouveau Paris. 2 gros vol in-18, avec figures. 3 fr. 50 c. p. 5 fr.

VOYAGE dans la Peninsule occidentale de l'Inde, et dans l'île de Ceilan; par *Haafner*; traduit du hollandais. *Paris*, 1811. 2 vol. in-8. 5 pl. 10 fr. p. 15 fr.

VOYAGE en retour de l'Inde par terre, et par une route en partie inconnue jusqu'ici; par *Thomas Howel*; suivi d'observations sur le passage dans l'Inde, par l'Égypte et le grand désert; par *James Capper*; traduit de l'anglais par *Théophile Mandar*. 1 gros vol. in 4. *Paris*, imprimerie de la république. 10 fr. p. 15 fr.

VOYAGES en Suisse et en Italie, faits avec avec l'armée de réserve; par *V. D. M.*, auteur de l'Anglais cosmopolite, employé à l'état-major de ladite armée. 1 vol in-8. 2 fr. p. 3 fr.

VUE de la colonie espagnole du Mississipi. *Paris*, 1803. In-8, avec 2 cartes enluminées. 2 fr. 50 c. p. 5 fr.

OUVRAGES DE Mme. DE STAEL-HOLSTEIN.

RÉFLEXIONS sur le suicide, suivies de la défense de Marie-Antoinette, reine de France, publiée en août 1793, et des lettres sur les écrits et le caractère de J.-J. Rousseau; par le même auteur. 1 vol. in-8. 4 fr. 25 c. p. 10 f.

DE LA LITTÉRATURE considérée dans ses rapports, avec les institutions sociales; troisième édition. 2 vol. in-8. 8 fr. p. 10 fr.

DE L'INFLUENCE des passions sur le bonheur des individus et des nations. 1 vol. in-8. 4 fr. 25 c. p. 5 fr.

CORINE, ou l'Italie; huitième édition. 3 vol. in-12. 6 f. p. 9 f.

Le même ouvrage. 2 vol. in-8. 9 fr. p. 12 fr.

DELPHINE; quatrième édition. 6 vol. in-12. 9 fr. p. 12 fr.

Le même ouvrage. 3 vol. in-8. 13 fr. 50 c. p. 18 fr.

DE L'ALLEMAGNE; quatrième édition. 4 vol. in-12, ornés d'un beau portrait de l'auteur, qui n'avait pas encore été gravé. 9 fr. p. 12 fr.

Le même ouvrage. 3 vol. in-8; cinquième édition. 13 fr. 50 c. p. 18 fr.

CONSIDÉRATIONS sur les principaux événemens de la révolution française; ouvrage posthume. 3 vol. in-8. 15 fr. p. 18 fr.

Le même ouvrage. 3 vol. in-12. 7 fr. p. 9 fr.

En réunissant les différens ouvrages de madame de Staël dans le format in-8, ils forment 15 vol. 64 fr. p. 86 fr.

LIVRES D'ÉGLISE, DE PRIÈRES ET DE PIÉTÉ.

ANNÉE CHRÉTIENNE; nouvelle édition imprimée sur beau papier. 18 gros vol. in-12. 38 fr. p. 63 fr.

ANGE (l') conducteur dans la dévotion chrétienne, traduit en pratique en faveur des âmes dévotes. 1 fort vol. in-18, gros caractères. 1 fr. 25 c. p. 1 fr. 50 c.

CONCORDAT entre Léon X, souverain pontife, et François Ier., roi de France. 1 vol. in-12 avec deux portraits. 1 fr. 50 c. p. 2 fr.

EXCELLENCE (de l') de la dévotion au cœur adorable de Jésus-Christ; par le père Galifet; sixième édition. 2 gros vol. in-12. 5 fr. 60 c. p. 7 fr. 50 c.

EPITRES ET ÉVANGILES des dimanches et fêtes de l'année, avec des réflexions sur les évangiles, l'ordinaire de la sainte messe et les vêpres du dimanche; nouvelle édition. *Paris*, Delalain, 1819. 75 c. p. 1 fr. 25 c.

ESPRIT (l') du Sacerdoce, ou recueil de réflexions sur le devoir des prêtres. 2 gros vol. in-12. 4 fr. 50 c. p. 6 fr.

HEURES DIVINES. In-32. 75 c. p. 1 fr.

HEURES NOUVELLES, ou prières choisies; nouvelle édition, augmentée. 1 vol. in-24, gros caractères, et ornée d'une jolie figure. 1818. 1 fr. 50 c. p. 2 fr. 50 c.

HEURES ROYALES dédiées à madame de France. 1 vol. in-32, jolie édition, avec fig. 1817. 70 c. p. 1 fr. 25 c.

HISTOIRE de l'Église; par *Lhomond*. 1 gros vol. in-12. 2 fr. 25 c. p. 3 fr.

HISTOIRE du vieux et du nouveau Testament, avec des explications édifiantes; par *de Royaumont*, prieur de Sombreval. 1 gros vol. in-12, stéréotype, avec 41 fig. 1 fr. 75 c. p. 2 fr. 50 c.

PETITE PRIÈRE du Chrétien. *Lyon*, 1816. In-32, avec 37 fig. en bois. 1 fr. p. 2 fr.

JOURNÉE (la) du chrétien sanctifiée par la prière; avec les hymnes et proses pour les fêtes de l'année; nouvelle édition très-augmentée. 1 vol. in-18. *Lyon*, 1818, fig. 1 fr. p. 2. fr.

JOURNÉE du chrétien sanctifiée par la prière et la méditation avec les offices en latin et en français. 1 vol. in-18, très-jolie édition. 1819. 1 fr. p. 2 fr.

JOURNÉE (la) du Chrétien sanctifiée par la prière et la méditation, nouvelle édition. *Paris*, Amable Costes, 1817. 1 vol in-24, jolie édition. 1 fr. p. 1 fr. 50 c.

IMITATION de Jésus-Christ, traduction nouvelle, avec une pratique et une prière à la fin de chaque chapitre, par *le R. P. Gonnelieu*, de la compagnie de Jésus. in-12 *Langres*, 1801. 1 fr. 50 c. p. 2 fr. 50. c.

IMITATION de Jésus-Christ, traduction du *P. Gonnelieu*, 1 vol. in-32, belle édition. *Lyon*, 1820. 1 f. p. 2 fr.

MÉTHODE ou conduite chrétienne pour passer saintement la vie, en faveur des peuples de la campagne. 1 vol. in-12. *Lyon*. 1 fr. 50 c. p. 2 fr. 50 c.

PSAUTIER (le) en français; traduction nouvelle, avec des notes pour l'intelligence du texte et des argumens à la tête de chaque psaume, ouvrage destiné principalement à l'usage des fidèles, par *J.-F. Laharpe*. 1 vol. in-12. *Paris*, Le doux et Tenré, 1817. 2 fr. p. 3 fr.

RECUEIL de prières les plus intéressantes, dédié aux âmes pieuses avec les hymnes et proses des principales fêtes. nouvelle édition très-augmentée et ornée de jolies fig. 1 vol. in-24. 1818. 1 fr. p. 2 fr.

ALPHABETS ET CHANSONNIERS,

à 25 pr. cent de remise.

PREMIER ALPHABET en français, divisé par syllabes pour instruire avec grande facilité les enfans à épeler, de 16 pages in-16, couvert en papier rouge rogné. La douzaine. 80 c.

NOUVEL ALPHABET en français, divisé par syllabes, pour instruire les enfans avec facilité. 32 pages in-16 rogné. La douzaine. 1 fr. 50 c.

Idem, augmentée de prières et doctrine chrétienne; de 80 pages in-16, couvert en papier. La douzaine. 3 fr. 40 c.

Idem, augmenté d'un exercice du chrétien pour régler les principales actions d'un enfant pendant la journée. La douzaine. 4 fr. 20 c.

ALPHABET des petits enfans, orné de gravures en bois représentant des animaux, couverture imprimée. La douzaine. 5 fr. 40 c.

SYLLABAIRE des petits enfans, orné de gravures en bois représentans les grands hommes de France, couverture imprimée. La douzaine. 5 fr. 40 c.

Le même, avec les arts et métiers pour gravures. La douzaine. 5 fr. 40 c.

NOUVEAU SYLLABAIRE religieux, orné de 11 grands sujets de piété tirés de l'Écriture sainte, avec l'explication de chaque figure, augmenté d'un précis de grammaire et d'arithemétique, in-12. La douzaine. 9 fr. 60 c.

Idem, enluminé. 12 fr.

NOUVEAU SYLLABAIRE des enfans, orné de 26 figures, représentant des animaux avec leur explication, suivi d'un principe de grammaire française, d'arithmétique et d'histoire, in-12. La douzaine. 9 fr. 60 c.

Idem, enluminé. 12 fr.

ÉCRÉATION de l'enfance, ou le nouveau Syllabaire français et amusant, orné de plus de 80 sujets à la portée des enfans et faits pour les amuser en les instruisant, avec l'explication de chaque sujet in-12. La douzaine. 9 fr. p. 60.
Enluminé. 12 fr.
PHABET Iconologique; pouvant servir d'introduction à l'étude de la mythologie, à la portée des enfans, suivi de petites historiettes selon leur âge, où les vices et les vertus sont mis en action, par M. *de Vousiers*, orné de 26 fig. en taille-douce, in-12. La douzaine. 9 fr. 60.
Idem, enluminé. 12 fr.
BIJOU (le) des Chansonniers in-32. fig. La douzaine. 6 fr.
CHANSONNIER (le) Bachique de l'amour et de la folie, ou Recueil de rondes de table, chansons pour noces, fêtes, etc. La douzaine. 6 fr.
CHANSONNIER (le) Joyeux du Palais-Royal, avec fig. 1 vol. in-18. La douzaine. 6 fr.
CHANSONNIER (le) Joyeux et Bachique in-64. La douzaine. 3 fr. 20 c.
CHANSONNIER (le) Joyeux de l'amour et du lit, in-64. La douzaine. 3 fr. 20 c.
CHANSONNIER (le) Joyeux de *Collet*, *Gallet*, *Piron*. 1 vol. in-64. La douzaine. 2 fr. 40 c.
ENFANT (l') du Plaisir, chansonnier de table. 1 vol. in-12. La douzaine. 6 fr.
JOYEUX (le) Boute-en-train, ou le Chansonnier Grivois, par *Piron*, *Collé*, *Gallet*, *Panard*, etc. in-32. fig. La douzaine. 6 fr.
NOUVEAU (le) Jardin de l'Enfance, ou l'heureux jour de l'an. 1 vol. in-18. fig. La douzaine. 6 fr.
PETIT ASTROLOGUE en belle humeur; ouvrage très-agréable en société pour tirer la bonne aventure aux dames, demoiselles, veuves, garçons, hommes et veufs, in-64. La douzaine. 6 fr.
PETIT (le) JARDIN des Enfans, in-32. La douzaine. 6 fr.
PETIT (le) LIEN de Famille, ou Recueil de complimens pour le jour de l'an, in-64. La douzaine. 6 fr.

FRANC-MAÇONNERIE.

COLLECTION Maçonnique, contenant l'origine de la Maçonnerie adonhiramite, etc., l'étoile flamboyante, ou la société des francs, le catéchisme des francs-maçons. 6 vol. in-18. fig. 4 fr. p. 6 fr.
ÉTOILE (l') Flamboyante, ou la société des francs, 2 vol. in-18. 2 fr. p. 3 fr.
ORIGINE de la Maçonnerie adonhiramite. 1 vol. in-18. 1 fr. 1 fr. 50 c.
INSTRUCTIONS pour les H.·. G.·., tels qu'ils se confèrent dans le chapitre G.·. O.·. de France au rit moderne, avec les discours analogues aux réceptions. 1 vol. in-18. 80 c. p. 1 fr. 50 c.
INSTRUCTIONS pour les trois premiers grades de franc-maçonnerie. 1 vol. in-18. 75 c. p. 1 fr. 25 c.
MAÇONNERIE Symbolique, suivant le régime du G.·. O.·. de France, in-32. 60 c. p. 1 fr.
MAÇONNERIE des hauts grades, suivant le régime du G.·. O.·. de France, in-32. 60 c. p. 1 fr.
RÉGULATEUR (le) du Maçon, 9 cahiers in-4. brochés, avec les trois couleurs et fig. 6 fr. p. 9 fr.
RECUEIL précieux de la Maçonnerie adonhiramite, contenant les catéchismes des trois premiers G.·., par le F.·. *Louis Guillemains*. 3 vol. in-18. 3 fr. p. 4 fr. 50 c.

ROMANS DE SIR WALTER SCOTT.

Le volume à 1 fr. 75 c.
L'ABBÉ. 4 vol. in-12. 10 fr.
CHATEAU (le) de Ponte-Fract, (Contes de mon Hôte), dernier roman de sir Walter Scott, traduit par Mme. *Collet*. 4 vol. in-18. 1821. 10 fr.
GUY-MANNERING, nouvelle écossaise, 3 vol. 12. 8 fr.
KENILWORT. 4 vol. in-12. 1821. 10 fr.
IVANHOE, ou le Retour du Croisé. 4 vol. in-12, 2e. édition. 10 fr.
LORD (le) des Iles et le Lai du dernier Ménestrel. 2 vol. in-12. 5 fr.
MATHILDE DE ROKEBY. 2 vol. in-12. 5 fr.
MARMION. 2 vol. in-12. 5 fr.
MONASTÈRE (le), 4 vol. in-12. 10 fr.
OFFICIER (l') de Fortune, ou les Guerres de Montrose. 2 vol. in-12. 5 fr. 50 c.
PRISON (la) d'Édimbourg. 4 vol. in-12. 10 fr.
PURITAINS (les) d'Écosse et le Nain Mystérieux. 4 vol. in-12. 10 fr.
ROB-ROY. 4 vol. in-12. 10 fr.
SORCIÈRE de Glass-Llyn, (la belle) Contes de mon Hôte, roman attribué à Walter Scott. 4 vol. in-12. 10 fr.
FIANCÉE (la) de Lammerwoor. 3 vol. in-12. 8 fr.

OEUVRES D'ANNE RADCLIFFE,

à 30 pour cent de remise.

LA FORÊT, ou l'Abbaye de Saint-Clair. 2 vol. in-12. 1819. 6 fr.
LES VISIONS du château des Pyrénées. 5 vol. in-12. 1820. 12 fr.
L'ITALIEN, ou le Confessional des pénitens noirs, traduit par *André Morellet*. 3 vol. in-12. 1819. 7 fr. 50 c.
JULIA, ou les Souterrains du château de Mazzini. 2 vol. in-12. 1819. 5 fr.
LES MYSTÈRES D'UDOLPHE. 4 vol. in-12. 1819. 12 fr.
MOINE (le), traduit de l'anglais. 3 vol. in-12. 1820. 7 fr. 50 c.

OEUVRES COMPLÈTES DE PIGAULT-LEBRUN.

à 33 pour cent de remise.

ADÉLAIDE DE MÉRAN. 4 vol. in-12. 10 fr.
ANGÉLIQUE ET JEANNETON. 2 vol. in-12. 5 fr.
BARONS DE FELSHEIM. 4 vol. in-12. 10 fr.
CENT VINGT JOURS (les). 4 vol. in-12. 10 fr.
CITATEUR (le). 2 vol. in-12. 6 fr.
ENFANT (l') DU CARNAVAL. 3 vol. in-12. 7 fr. 50 c.
FAMILLE (la) LUCEVAL. 4 vol. in-12. 10 fr.
FOLIE (la) ESPAGNOLE. 4 vol. in-12. 10 fr.
GARÇON (le) SANS SOUCI. 2 vol. in-12. 5 fr.
HOMME (l') A PROJETS. 5 vol. in-12. 10 fr.
JÉROME. 4 vol. in-12. 10 fr.
MACÉDOINE (une). 4 vol. in-12. 10 fr.
MÉLANGES littéraires et critiques. 2 vol. in-12. 5 fr.
MON ONCLE THOMAS. 4 vol. in-12. 10 fr.
MONSIEUR BOTTE. 4 vol. in-12. 10 fr.
MONSIEUR DE ROBERVILLE. 4 vol. in-12. 10 fr.
OFFICIEUX (l'). 2 vol. in-12. 5 fr.
TABLEAUX DE SOCIÉTÉ. 4 vol. in-12. 10 fr.
THÉATRE. 6 vol. in-12. 15 fr.
ÉGOISME (l'), ou nous le sommes tous. 2 vol. in-12. 1819. 5 fr.

MONSIEUR MARTIN, ou l'Observateur. 2 vol. in-12. 1820. 5 fr.

ROMANS NOUVEAUX ET AUTRES,

avec la remise de 33 pour cent.

AFFINITÉS ÉLECTIVES; roman traduit de l'allemand de l'auteur de Werther. 3 vol. in-12. 6 fr.

AGATHE, ou le petit vieillard de Calais; par *Victor Ducange*, auteur de Palmerin, la Maison du Corrégidor, etc. 2 vol. in-12. 1820. 5 fr.

AGLAURE D'ALMONT; par mademoiselle *Fleury*, artiste sociétaire du second théâtre français. 2 vol. in-12. 1821. 5 fr.

ALBERT, ou les amans missionnaires; par *Victor Ducange*, auteur d'Agathe, ou le petit vieillard de Calais. 2 vol. in-12. 1820. 5 fr.

ALCIMADURE, ou le premier musicien. 1 vol. in-12. 2 fr.

ALEXANDRE, ou le soi-disant grand homme, manuscrit trouvé au mont Saint-Jean, et publié par *C.-J. Rougemaître*. 3 vol. in-12. *Paris*, 1819. 6 fr.

ANNALES du crime et de l'innocence, ou recueil de causes célèbres réduites à la partie historique. 20 vol. in-12. 40 fr.

AURÉLIEN ET ASTÉRIE. 1 vol. in-12. 2 fr.

AVENTURES (les) de Télamon, ou les Athéniens sous la monarchie; par Mme. *de Renneville*. *Paris*, 1819. 3 vol. in-12, fig. 7 fr. 50 c.

AVENTURES ET VOYAGES DE KOLK-SON, ou histoire d'un Lapon; par *P. F. F.* 1 vol. in-12. 2 fr.

BAL (le) MASQUÉ, ou Édouard; par *Auguste Lafontaine*. 4 vol. in-12, fig. 10 fr.

CARBONARI (les) ou le livre de sang; par *Regnault Warin*. 2 vol. in-12. 1820. 5 fr.

CHARLES DE VALENCE; roman historique par Mme. *Dauriat*. 1820. 2 vol. in-12. 5 fr.

CHATEAU (le) de Cliffort, ou le souterrain de la forêt. 2 vol. in-12, figure et musique. 1820. 5 fr.

CHATEAU (le) de Juvisy; par Mme. *de Flamanville*. 3 vol. in-12. 1819. 7 fr. 50 c.

COMTE (le) VAPPA. 3 vol. in-12. 1821. 7 fr. 50 c.

DANGERS (les) de la prévention, roman anecdotique; par Mme. *Gacon Dufour*, auteur de divers ouvrages d'économie rurale et domestique. 2 vol. in-12. 1821. 4 fr.

DUCHESSE (la) de Portsmouth, maîtresse de Charles II, roi d'Angleterre. 2 vol. in-12. 4 fr.

ÉDOUARD BERNARD. 1 vol. in-12. 3 fr.

ÉDOUARD DE VINTER; par *Auguste Lafontaine*. 4 vol. in-12. 1820. 10 fr.

ÉGLAI, ou Amour et Plaisir; par *Legay*, auteur du marchand forain. 4 vol. in-12. 1821. 10 fr.

ELFRÈDE, ou les suites d'un duel. 2 vol. in-12. 1821. 5 f.

ELZEAN ET CORADIN, ou les guerriers rivaux. 1 vol. in-12. 2 fr.

EMANUELLA, ou la découverte prématurée; traduit de l'anglais par Mme. *Elise Hayword*. 1 vol. in-12. 2 fr.

ÉMILE ET ROSALIE, ou les époux amans; par Mme. *Elisabeth C....* 1820. 3 vol. in-12. 7 fr. 50 c.

ENFANS (les) DE L'ABBAYE; traduction de l'anglais, de miss *Regina Maria Roche*, par *André Morellet*; nouvelle édition. 6 vol. in-18, fig. 7 fr. 50 c.

ENFANT (l') du boulevard, ou mémoires de la comtesse de Tourville. 2 vol. in-12, fig. 1820. 5 fr.

ENFANT (l') de la révolution, ou quelques scènes d'un grand drame; par *Ste.-Alphonse*. 4 vol. in-12. 1819. 10 fr.

ENTRETIENS DU PALAIS-ROYAL. 4 vol. in-12. 6 fr.

EUGÈNE de Nerval; par l'auteur d'Irma. 4 vol. in-12. 10 f.

FÉLICIA, ou mes fredaines. 4 vol. in-18, fig. 6 fr.

FILLE (la) sans-souci; par M. *de Faverolles*. 2 vol. in-12 fig. 1820 5 fr.

GENEVIÈVE de Cornouailles, ou le Damoisel sans nom; roman de chevalerie; par M. *Demager*. 2 vol. in-12. 4 fr.

GENEVIÈVE ET SIFFRID; correspondance inédite du VIIIe. siècle. 2 vol. in-12. 4 fr.

ERMITAGE (l') Saint-Jacques, ou Dieu, l'Honneur et la Patrie; par M. *Ducray-Duminil*. 4 vol. in-12. 10 fr.

HISTOIRE d'une famille; par *D'Orson*, mise au jour par M. *Cagniard*. 2 vol. in-12, avec fig. *Paris*, Gueffier. 4 fr.

HISTOIRE du marquis de Seligni et de madame de Luzal, ou lettres authentiques et originales trouvées dans un porte-feuille à la mort du maréchal de ***; par M. *C. D.* 2 vol. in-12. *Londres* et *Paris*. 4 fr.

HISTOIRE d'une Franco-Indienne, écrite par elle-même. 2 vol. in-12. 3 fr.

HOMME (l') du mystère, ou histoire de Melmoth le voyageur; par l'auteur de Bartram (M. *Mathurin*); traduit de l'anglais par Mme. *L.-F. B....* 2 vol. in-12. 1821. 7 f. 50 c.

HISTOIRE de Tamerlan, empereur des Mogols, et conquérant de l'Asie. 2 vol. in-12. *Paris*, belle édition. 4 f.

JEAN ET JEANNETTE, ou les petits aventuriers parisiens; par M. *Ducray-Duminil*. 4 vol. in-12, ornés de 4 jolies gravures. 10 fr.

JEAN DE PROCIDA, ou les Vêpres Siciliennes, roman historique, par le baron de *Lamothe-Langon*. 4 vol. in-12 ornés de 4 jolies gravures. *Paris*, 1821. 10 fr.

JOHN BULL, ou Voyage à l'île des chimères, par *F.-P.-A. Leger*, fondateur et convive des dîners du vaudeville, etc., etc. 3 vol. in-12. *Paris*, 1818. 7 fr. 50 c.

JOHN MOORE, par le comte *Dubouchet*. 2 vol. in-12. 1819. 5 fr.

JULIE, ou j'ai perdu ma rose. 2 vol. in-12. 1821. 6 fr.

LADY ALMÉRIC BELMORE, traduit de l'anglais. *Paris*, an 4. 2 vol. in-18 fig. 2 fr.

LADISLAS, ou suite des mémoires de la famille du comte de Revel, par madame de B**. 1 gros vol. in-12. 2 fr.

MADAME DE SÉDAN, ou la Cour de François Ier. roman historique, par M. *de Faverolles*. 4 vol. in-12. fig. 1821. 10 fr.

MADAME DE SAINTE-HERMINE, ou les soirées napolitaines, histoire d'Inès et de Clara, des princes jumeaux, etc., par madame *Guénard*. 4 vol. in-12. 9 fr.

MARIE MENZICOFF, ou la fiancée de Pierre II, empereur de Russie, roman historique, par *Auguste Lafontaine*. 2 vol. in-12. fig. 1820. 5 fr.

MARQUISE (la) DE VALCOUR, ou le triomphe de la maternité. 3 vol in-12. 1816. 7 fr. 50 c.

MÉHALED ET SEDLI, histoire d'une famille Druse, par le baron de *Dalberg*, frère de S. A. R. le grand duc de Francfort. 2 vol. in-12. 3 fr. 50 c.

MÉMOIRES de mistriss Robinson, célèbre actrice de Londres, contenant des détails curieux sur sa carrière dramatique et littéraire; ses amours avec le prince de Galles; son voyage en France, et ses relations avec le duc d'Orléans et plusieurs personnages célèbres, écrits par elle-même, traduit de l'anglais sur la dernière édition. 1 vol. in-8. orné de son portrait. *Paris*. 4 fr.

MÉLINA DE CRESSANGE, ou les souterrains du château d'Orfeuil. 3 vol in-12. 1820. 7 fr. 50 c.

MONT-CANTAL (le), ou les malheurs de la famille de Beauvilliers, par Mme. *Barbier*. 3 vol. in-12. 1820. 8 fr.
MORTS (les) VIVANS et la famille en fuite, roman traduit d'*Auguste Lafontaine*. 2 vol. in-12. fig. 1820. 6 fr.
OLYMPIA, ou les brigands des Pyrénées, par madame de *Saint-Venant*, 2 vol. in-18. 1821. 6 fr.
ORPHELIN (l') de la Westphalie, traduit d'*Auguste Lafontaine*, par le traducteur de Marie Menzicoff. 2 vol. in-12. 1821. 5 fr.
ORPHELINE (l') abandonnée dans une île déserte, ou la nature et les sociétés, par *Lavallée*. 4 vol. in-12. 10 fr.
PAGE (le) de la reine Marguerite, ou l'ermite du mont Apennins, par M. de *Faverolles*. 4 vol. in-12. 1820. 10 fr.
PARIS et le Village, ou les deux paysans. 2 vol in-12. 1821. 5 fr.
PETITE (la) Musicienne, par *Gosse*, auteur des Amans Vendéens. 3 vol. in-12. 1819. 7 fr. 50 c.
PRINCES (les) Norwégiens, ou le fratricide supposé, par M. *Mardelle*. 5 vol in-12. 1819. 12 fr.
REINHOLD, ou les pupilles mystérieuses, par *Auguste Lafontaine*. 5 vol. in-12. 1820. 12 fr.
RÉVOLTE (la) de Boston, ou la jeune hospitalière, par Mme. *Barthélemy-Hadot*. 3 vol. in-12. 1820. 7 fr. 50 c.
SAPHORINE, ou l'aventurière du boulevard Saint-Antoine, par M. *Merville*, auteur de la Famille Glinet et des Deux Anglais. 2 vol. in-12 *Paris*, 1820. 5 fr.
TANTE (la) et la nièce, ou les aventures de miss Prescot et de Pattyouslow; traduit de l'anglais. 2 vol. in-12. 3 fr. 50 c.
TROIS NOUVELLES D'ISRAELI, traduites de l'anglais. sur la dernière édition, par Mme. *Collet*. 1 vol. in-8. 1821. 4 fr.
TUILERIES (les), le Temple, le Tribunal révolutionnaire et la Conciergerie, sous la tyrannie de la Convention; auxquels on a joint le tableau du 21 janvier 1793, pour servir de supplément au journal de Cléry, valet de chambre de Louis XVI. 1 vol. in-8. *Paris*, 1814. 5 fr.
TULIKAN, fils de Gengiskan, ou l'Asie consolée; par *Antoine Gibelin*. 1 vol. in-8, orné d'une vignette d'après Garnerey. 5 fr.
VIE de madame de Maintenon, institutrice de la maison royale de Saint-Cyr; seconde édition, corrigée et augmentée de notes intéressantes. 2 vol. in-12, ornés d'un d'un beau portrait d'après Mignard. 4 fr.
VOYAGE d'un Philosophe, par *Pierre Poivre*; 3e. édition à laquelle on a joint une notice sur la vie de l'auteur, et deux de ses discours aux habitans et au conseil supérieur de l'Ile-de-France. 1 fort vol. in-12. 2 fr.
VOYAGE d'un Français fugitif dans les années 1791 et suivantes. 3 vol in-12. *Paris*, 1816. 7 fr. 50 c

AUTRES ROMANS

avec la remise de 33 pr. 100.

ABBAYE de Craigh-Melrose, traduit de l'anglais. 4 vol. in-12. 10 fr
ADÈLE ET FERDINAND, ou le pêcheur de la Loire. 2 vol. in-12. 5 fr
ADONIS, ou le bon nègre, anecdote coloniale, 1 gros vol in-18, beau papier. 2 fr
AGNÈS SOREL et la Cour de Charles VII, 4 vol. in-12. 10 fr.
AFFREUX effets de l'amour et des vengeances, 2 vol. in-12. 4 fr.
ALPHONSE DE BEAUVAL, ou les quinze chapitres, roman nouveau, par le traducteur de Raymond. 2 vol. in-12. 5 fr.
AMOURS et aventures du vicomte de Barras, par le baron de *B****, auteur des mémoires secrets sur Napoléon Bonaparte. 3 vol. in-12. 7 fr. 50 c.
AMOUR et remords, ou histoire véritable, par madame la comtesse de ***. 2 vol. in-12. 5 fr.
AVENTURES de la belle Arabe Kamoula. 1 vol. in-12. 2 fr.
ANNA, ou l'héritière Galloise. 4 vol. in-12. fig. 10 fr.
ANNÉE mémorable de la vie de Kotzebuë, 2 vol. in-12. 4 fr.
BAROZZI, ou les sorciers vénitiens, par *mistriss Charlotte Smith*. 2 vol. in-12. 5 fr.
BLANCHE de Rembrun, ou un roman de plus, par *Régnault Varin*. 2 vol. in-12. 4 fr.
CATHERINE SYRLEY, ou la veille de la St.-Valentin; traduit de *miss Opie*. 4 vol. in-12. 9 fr.
CAVERNE (la) de la Mort; traduit de l'anglais. In-18, fig. 1 fr. 50 c.
CHARLES LE MAUVAIS, ou la cour de Navarre, roman historique, par Mme. *Guénard*. 4 vol. in-12, fig. 10 fr.
CHAPELLE (la) d'Ayton, ou Emma Courtney, nouvelle édition. 4 vol. in-12. 9 fr.
CHATEAU (le) de Vauvert, ou le chariot de feu de la rue d'Enfer. 4 vol. in-12. 9 fr.
CAPUCINS (les), ou le secret du cabinet noir. 4e. édition, 2 vol. in-12. 5 fr.
CLEMENTINE, ou l'Evelina française. 4 vol. in-12. 10 fr.
CONTES ET NOUVELLES en prose, par l'auteur de Maria, d'Antoine et Jeannette, etc. 5 vol. in-18, jolie édition. 6 fr.
CONTES GOTHIQUES, par l'auteur de la Dame Grise. 2 vol. in-12. 4 fr.
COMTE (le) D'ONAMAR, ou les fantômes de l'imagination, traduit de l'allemand d'*Auguste Lafontaine*. 4 vol. in-18, fig. 6 fr.
DAME (la) GRISE, ou histoire de la maison de Beauchamp. 1 fort vol. in-12. 2 fr.
DON SÉBASTIEN, roi de Portugal, roman historique, par miss *Porter*; traduit de l'anglais. 3 vol. in-12. 1820. 7 fr. 50 c.
DUC DE GUISE (le), roman historique. 1 vol. in-12. 2 fr.
DUCHESSE (la) DE KINGSTON, ou mémoires d'une Anglaise célèbre, morte à Paris en 1789. 4 vol. in-12. 9 fr.
EGLISE (l') de Saint-Siffrid, traduit de l'anglais. 5 vol. in-18. 5 fr.
ELIESER ET NEPHTALI, par *Florian*, in-8. 2 fr. 50 c.
ELISA, ou mémoires de la famille Elderland; traduit de l'anglais, par *Bertin*. 4 vol. in-18, fig. 4 fr.
ELWINA, nouvelle traduite, par M. *M.* auteur d'Elfrida, du château de St.-Donat, etc., etc. 2 vol. in-12. 5 fr.
EMMA ET SAINT-AUBIN, ou caractères et scènes de la vie privée; traduit de l'anglais de mistriss *Opie*. 3 vol. in-12. 7 fr. 50 c.
EMILIA, ou le danger de l'exaltation. 2 vol. in-12, fig. 4 fr.
ÉMILIE ORMOND DE SAINTE-MAURE, par le traducteur du château de St.-Donat, d'Elwina, 3 vol. in-12. 7 fr. 50 c.
EMPIRE (l') DES NAIRS, ou le paradis de l'amour, par le chevalier *Lawrence*. 4 vol. in-12. 8 fr.
ÉPREUVES DU SENTIMENT, par *D'Arnaud*. 12 vol. in-12. 12 fr.
EUGÈNE DE MONFERRIER, ou les mœurs du 19e. siècle, par M. *Joudon*. 3 vol. in-12. 1819. 7 fr. 50 c.

EUGÈNE DE ROTHELIN, par l'auteur d'Adèle de Senanges. 2 vol. in-12. 5 fr.
ÉTHELINDE, ou la recluse du lac. 6 volumes in-18, fig. 6 fr.
FAMILLE (la) allemande, ou la destinée, par l'auteur de Paola. 2 vol. in-12. 5 fr.
FAMILLE (la) de Clarenville, par *Rougemaître* de Dieuze. 3 vol. in-12. 7 fr. 50 c.
FAMILLE (la) de Jennemours. 3 vol. in-12. 6 fr.
FAMILLE (la) Vampol, ou les effets de la démoralisation, par *Letournel*. 3 vol. in-12. 7 fr. 50 c.
FANTASMAGORIANA, ou histoire d'apparitions, de spectres, revenans, fantômes, etc. 2 vol. in-12. 5 fr.
FEMMES (les), ou rien de trop; traduit de l'anglais du docteur Mathurin, auteur de Bertram, par Mme. *Élisabeth de Bon*. 3 forts vol. in-12. 1820. 7 fr. 50 c.
FERRANDINO, fin des aventures de Rinaldo-Rinaldi, chef de brigands; traduit de l'allemand du même auteur. 2 vol. in-12. 5 fr.
FRÈRES (les) hongrois, par miss Porter; traduit de l'anglais par Mme. *de Bon*. 3 vol. in-12. 1819. 7 fr. 50 c.
FUGITIVE (la) de la forêt; traduit de l'anglais. 2 vol. in-12. 4 fr.
FUNESTES ÉGAREMENS, ou histoire de la comtesse de Stamore; traduit de l'anglais par Mme. *Collet*. 4 vol. in-12 1819. 10 fr.
FUREURS (les) de l'amour; traduit de l'anglais. 2 vol. in-12, fig. 4 fr.
GASPARD BANCKS, ou la jeunesse d'un Anglais, par *Moreau*. 2 vol. in-12. 5 fr.
GÉRALDINE; traduit de l'anglais. 3 vol. in-12. 6 fr.
HENRI; traduit de l'anglais, par *Ducos*. 6 vol. in-18, fig. 6 fr.
ERMITE du mont Saint-Valentin, ou histoire des amours de la dame de Martignes et du chevalier Roger de Parthenay, par Mme. *de Tercy*. 2 vol. in-12. 1821. 5 fr.
HISTOIRE D'AGATHON; traduit par *Wieland*. 3 vol. in-12. 6 fr.
HISTOIRE DE CLÉVELAND, fils naturel de Cromwel, écrite par lui-même. 6 vol. in-12, fig. 16 fr.
HISTOIRE de madame Élisabeth de France, sœur de Louis XVI, troisième édition. 3 vol. in-18, ornés de fig. 3 fr.
HISTOIRE de Pugatscheff, ou le faux Pierre III, empereur de Russie. 2 vol. in-12. 4 fr.
HORTENSE DE RANVILLE, ou la jeune veuve, par M. B***, membre de la légion d'honneur. 3 vol. in-12. 1821. 7. f. 50 c.
IDA, roman traduit de l'allemand de Mme. la baronne de *de Lamothe Fouqué*, arrangé et publié par M. *B. de Rougemont*. 3 vol. in-12. 1821. 7 fr. 50 c.
INDISCRET (l') conteur des aventures de la garde nationale. 1 vol. in-12, fig. 2 fr.
INTENDANT (l') et son seigneur, ou les dangers des mariages clandestins. 4 vol. in-12. 9 fr.
JENNY, ou la victime des apparences; traduit de l'anglais par *Breton*. 4 vol. in-12. 9 fr.
JEUNE (le) PEINTRE, ou mon histoire, par *Legay*, auteur de la Roche du Diable. 4 vol in-12. 1821. 10 fr.
JEUNE (le) LOYS, prince des Francs. 4 vol. in-12. 10 fr.
JEUNESSE (la) DE FIGARO, par *Regnault-Warin*. 2 vol. in-12, fig. 4 fr.
JULIETTE ET D'ALMOR, ou les amans des Cévennes. 2 vol. in-12, fig. 4 fr.
LAURE, ou l'amour et les systèmes. 5 gros vol. in-18 fig. 7 fr. 50 c.
LÉONTINE DE BLONDHEIN, par *Auguste Lafontaine*. 3 vol. in-12. 6 fr.
LÉONTINE DE VERTELING, par Mme. *Adèle D****. 2 vol. in-12. 1821. 5 fr.
LÉOPOLD, ou le pavillon mystérieux. 4 vol. in-12. 10 fr.
LIONEL. 2 vol. in-12. 5 fr.
LORD WISBY, ou le célibataire. 2 vol. in-12. 4 fr.
LOUISE DE SENANCOURT, 1 vol. in-12. 2 fr.
MADEMOISELLE DE CHATELLERAUT. 2 vol in-12. 4 fr.
MARIA DORIVILLE, ou le séducteur vertueux. 4 vol. in-12. 9 fr.
MÉLANIE, ou mémoires du chevalier de Moncy, par l'auteur d'Agathe d'Entragues. 5 vol. in-12. 12. fr.
MÉMOIRES HISTORIQUES de madame la comtesse Dubarry, dernière maîtresse de Louis XV. 4 vol. in-12, portrait. 8 fr.
MÉMOIRES HISTORIQUES de la princesse de Lamballe, publiés par Mme. *Guénard*, baronne de Méré. 4e. édit. 2 vol. in-12, fig. 5 fr.
MÉMOIRES de mademoiselle de Montpensier, petite-fille de Henry IV, écrits par elle-même et revus par M. *de Boissy*. 4 vol. in-12, portrait. 12 fr.
MINISTRE (le) de Vasbury, ou Fanny Balding. 2 vol. in-12. 5 fr.
MISS TOVELLY MACCLESFIELD, ou le domino noir, par Mme. *de Renneville*. 3 vol. in-12. 6 fr.
MON HABIT MORDORÉ, par *Kératry*. 2 vol. in-12. 3 fr. 60 c.
NOUVELLES historiques, par *d'Arnaud*. 3 vol. in-12. 7 fr. 50 c.
ODALIE, ou le vœu criminel, roman historique. 2 vol. in-12, 1819. 5 fr.
ODETTE la petite reine, ou les apparitions de la dame blanche, roman historique du règne de Charles VI, par M. *de Valcour*. 4 vol. in-12. 10 fr.
ORPHELIN (l') aux prises avec le crime, par *Charles Doris*, de Bourges. 3 vol. in-12. 7 fr. 50 c.
PAYSAN PERVERTI, (le) ou les dangers de la ville, par Rétif de la Bretonne. 4 vol. in-12. 8 fr.
PENSIONNAIRES (les) de Tottenham-high-Gross, par madame *Bournon-Malarmé*, 3 vol. in-12. 7 fr. 50 c.
PERROQUET (le), roman anglais, français, allemand, et qui n'est traduit d'aucune langue, par *Rougemaître*, auteur du roman tragique de l'Ogre de Corse, etc. 4 gros vol. in-12. 10 fr.
PRÉVOT (le) de Paris, ou mémoires du sir de Caperel, sous le règne de Philippe V dit le Long, par l'auteur d'Agnès. 4 vol. in-12. 9 fr.
PRINCE (le) de Timor en France, abandonné et trahi par son gouverneur. 4 vol. in-12. 9 fr.
PRINCES (les) rivaux, ou mémoires de mistriss *Marie-Anne Clarke*, favorite du duc d'Yorck. 1 vol in-8. fig. 4 fr.
PRIEURÉ (le) de Ruthengen, imité de l'anglais, par *J. M.* 3 vol. in-12. 6 fr.
PRISONNIER (le) en Russie. 1 vol. in-12. 2 fr. 50 c.
PROTÉGÉ (le) de Joséphine de Beauharnais, par le baron de *B**, auteur des amours secrettes de Napoléon Bonaparte. 2 vol. in-12. fig. 5 fr.
PLUS VRAI QUE VRAISEMBLABLE, ou le château de Misereri, par Mme. *Bournon-Malarmé*. 3 v. in-12. 7 f. 50 c.
RAPHAEL D'AQUILAR, ou les moines portugais, publié par M. *de Rougemont*. 2 vol. in-12. 1820. 5 fr.

RAYMOND, ou le généreux fermier, traduit de l'anglais. 3 vol. in-12. 7 fr. 50 c.
RÉCOLTE (la) de l'Ermite, ou choix de morceaux d'histoire peu connus. 1 vol. in-8. 5 fr.
RENÉGAT (le) de Palerme, nouvelle sicilienne. 2 vol. in-12. 1818. 5 fr.
ROSA, ou la fille mendiante et ses bienfaiteurs. 10 vol. in-18. 12 fr.
ROSE SUMMERS, ou les dangers de l'imprévoyance. 4 vol. in-12. 10 fr.
ROMANS du Nord, imités du russe et du danois, par *Coiffier*, 3 vol. in-12. 9 fr.
ROMAN (le) sans titre, histoire véritable ou peu s'en faut. 2 vol in-18. 2 fr.
ROSETTI, ou l'orpheline vertueuse. 3. vol. in-12. 7 fr. 50 c.
SALUT AUX MARIS, par l'auteur de la Rentière. 1 vol. in-12. 2 fr. 50.
SÉVERINE, par Mme. *d'Hautpoul*. 6 vol. in-12. 10 fr.
SIMPLE histoire et sa suite, traduit de l'anglais par *Deschamps*. 4 parties in-8., portr. 7 fr. 50 c.
SPINALBA, ou révolution de la rose-croix, par *Regnault Warin*. 4 vol. in-12. 10 fr.
SOIRÉES DE SOCIÉTÉ, ou nouveaux proverbes dramatiques 2 vol. 4 fr.
SOPHIE DE BLAMONT, ou mémoires d'une femme de ce temps-ci, écrits par elle-même et publiés par *Henri Duval*, chevalier de la légion d'honneur. 4 vol. in-12, 1821. 10 fr.
SOUPERS DE VAUCLUSE. 3 vol. in-12. 7 fr. 50 c.
SOUTERRAIN (le) ou Mathilde. 3 vol. in-12. 6 fr.
SOUVENIRS d'un voyage en Livonie, à Rome, et à Naples, par *Kotzebue*. 4 vol. in-12. 10 fr.
SYLVESTRE, ou mémoires d'un centenaire. 4 vol. in-12. 9 fr.
TANCRÈDE, ou la conquête de l'épée de Rolland. 2 vol. in-12. 4 fr
TESTAMENT (le) DE LA VIEILLE COUSINE; roman traduit de l'anglais de Charlotte Smith, sur la 2e. édit. 4 gros vol. in-12. 10 fr.
VALSINORE, ou le cœur et l'imagination; traduit de l'anglais. 2 vol. in-12. 4 fr.
VALLÉE (la) de Mitterbach, ou le château de Blankeinstein, par M. *Faverolles*. 4 vol. in-12. 9 fr.
VALETS (les) par circonstance, ou le panorama de quelques maisons de Paris; par l'auteur du Marchand Forain. 4 vol. in-12. 10 fr.
VEILLÉES (les) d'une captive. 2 vol. in-12, ornés de 3 fig. 1819. 6 fr.
VELLEVILLE ET JULIETTE. 3 vol. in-12. 7 fr. 50 c.
VENGEANCE (la) ou le fou par amour, par Mlle. *Vanhove cadette*. 3 vol. in-12. 1821. 7 fr. 50 c.
VIE PUBLIQUE ET PRIVÉE de Chrétien Guillaume de Lamoignon de Malesherbes, ancien président à la cour des aides et l'un des défenseurs de Louis XVI. 1 vol. in-8. 3 fr. 50 c.
VIE PRIVÉE du cardinal Dubois, premier ministre du régent. 3 vol. in-18, fig. 3 fr.
VIE DU DUC DE PENTHIÈVRE. 2 volumes in-12. 3 fr. 50 c.
VILHELMINA, ou l'héroïsme maternel, histoire hongroise par *Duvoisin Calas*. 2 vol. in-12. 4 fr.
VISITES (les) NOCTURNES, traduit de l'anglais de Maria Régina Roche, par *Breton*. 6 vol. in-18, fig. 7 fr. 50 c.
VIVIAN, ou l'homme sans caractère; traduit de l'anglais. 3 vol. in-18. 4 fr. 50 c.
VOYAGE d'un Champenois à Paris et ses aventures, suivi de diverses histoires curieuses publiées par lui-même. 3 vol. in-12. 7 fr. 50 c.
VOYAGES (les) d'une Coquette; par l'auteur des dangers de la coquetterie. 2 vol in-12. 5 fr.
VOYAGE dans le Canada, ou histoire de miss Montaigu. 4 vol. in-12. 8 fr.
ZINGHA, reine d'Angola, histoire africaine, par *Castillon*. 2 vol. in-12. 3 fr. 50 c.
ZOFLORA, ou la bonne négresse, par l'auteur d'Adonis. 2 vol. in-18. 3 fr.

SUPPLÉMENT AU CATALOGUE.

CHAMP (le) DU REPOS, ou le cimetière Mont-Louis, dit du père Lachaise, ouvrage orné d'un grand nombre de planches, représentant plus de 3,000 mausolées érigés dans ce cimetière depuis sa création, avec leurs épitaphes, son plan topographique, tel qu'il existait du temps du père Lachaise, et tel qu'il existe aujourd'hui; précédé du portrait de ce jésuite, d'un abrégé de sa vie, et suivi de quelques réflexions sur la manière dont différens peuples honorent les défunts; auquel on a ajouté, 1°. l'élégie célèbre de Thomas Gray, *Written in a Country Church-yar*; 2°. l'imitation libre de cette élégie mise en français, par *Charrin*; 3°. et celle italienne de *Torelli*. 2 gros vol. in-8. 12 fr. p. 20 fr.

OEUVRES COMPLÈTES DE J.-J. ROUSSEAU, édition nouvelle et seule complète, en 16 vol. in-8. imprimés en caractères petit cicéro neuf, par A. Belin, sur beau papier. 64 fr. p. 80 fr.
net 40 fr.

Cette édition est la plus complète qui ait paru jusqu'à présent; elle contient un grand nombre de lettres inédites ou publiées séparément.

DU FANATISME DANS LA LANGUE RÉVOLUTIONNAIRE, ou de la persécution suscitée par les barbares du 18e. siècle, contre la religion chrétienne et ses ministres; suivi d'un appendice du calendrier républicain; par *J. François de Laharpe*, de l'Académie française. 1 volume in-8. Paris, 1821. 2 fr. p. 3 fr.

NOUVELLES RÉCRÉATIONS PHYSIQUES ET MATHÉMATIQUES, contenant ce qui a été imaginé de plus curieux dans ce genre et qui se découvre journellement; nouvelle édition, par M. *Guyot*, de la société littéraire et militaire de Besançon. 3 gros vol. in-8., ornés de 102 figures en taille-douce. Paris, 1799, (seule édition complète.) 15 fr. p. 21 fr.

OEUVRES DE L.-B. PICARD de l'Académie française. 10 vol. in-8. de 500 pages chacun, ornés du portrait de l'auteur, imprimés sur papier superfin satiné, par Firmin Didot. Deux volumes sont en vente, prix de chaque volume 6 fr. p. 7.

A la mise en vente du quatrième la souscription sera fermée, et le prix de chaque volume sera de 8 fr.

TABLEAU GÉNÉRAL DE L'EMPIRE OTTOMAN, divisé en deux parties, dont l'une comprend la législation mahométane; l'autre l'histoire de l'empire ottoman, dédié au roi de Suède, par M. d'Ohsson, chevalier de l'ordre de Wasa, secrétaire de S. M. le roi de Suède, ci-devant son interprète et chargé d'affaires à la cour de Constantinople. 9 gros vol in-8., de l'imprimerie de *Monsieur*. 20 fr. p. 80 fr.

LETTRES SUR LA BOTANIQUE, écrites par J.-J. Rousseau, citoyen de Genève. 4 gros vol. in-12, dont un composé de 60 planches représentant plus de 600 espèces de fleurs; seule édition complète qui ne se trouve dans aucune édition des œuvres de cet auteur et qui lui sert de complément. Figures coloriées avec beaucoup de soin. *Bruxelles*, de Boubers. 10 fr. p. 15 fr.

Le même ouvrage. Figures en noir. 8 fr. p. 12 fr.

PRINCIPES DE BOTANIQUE MÉDICALE, contenant l'abrégé de l'anatomie et de la physiologie végétale, l'énumération et la description des plantes médicamenteuses d'après la classification des végétaux, et la composition des préparations officinales que la pharmacie tire du règne végétal, par M. *A. C. E. Lœillart d'Avrigni*, docteur en médecine de la faculté de Paris. 1 gros volume in-18. *Paris*, 1821. 2 fr. 25 c. p. 3 fr.

PLUTARQUE (le) DES JEUNES DEMOISELLES, ou abrégé des vies des femmes illustres de tous les pays; avec des leçons explicatives de leurs actions et de leurs ouvrages, par M. le chevalier *de Propiac*, troisième édition, revue corrigée et augmentée. 2 gros vol. in-12, ornés de portraits. *Paris*, 1821. 4 fr. 75 c. p. 6 fr.

PLUTARQUE (le) DE LA JEUNESSE, ou abrégé des vies des hommes illustres de ce célèbre écrivain; ouvrage élémentaire et destiné à l'éducation des jeunes gens; 3e. édition revue et corrigée. 2 gros vol. in-12, ornés de 61 portraits, par le chevalier de *Propiac*. 4 fr. 75 c. p. 6 fr.

HISTOIRE DE FRANCE à l'usage de la jeunesse, depuis l'établissement de la monarchie jusqu'au 1er. juillet 1820; quatrième édition revue corrigée et augmentée par M. le chevalier de *Propiac*. 2 gros vol. in-12, ornés de fig., cartes et portraits. Paris, 1821. 4 fr. 75 c. p. 6 fr.

HISTOIRE SAINTE A L'USAGE DE LA JEUNESSE, depuis le commencement du monde jusqu'à la destruction de Jérusalem, contenant l'histoire de l'ancien et du nouveau Testament, par M. le chevalier *de Propiac*. 2 gros vol. in-13, ornés de fig. 4 fr. 75 c. p. 6 fr.

HISTOIRE D'ANGLETERRE, D'ÉCOSSE ET D'IRLANDE, à l'usage de la jeunesse, ornée de 14 planches, de 5 cartes et du portrait de Georges III, par le chevalier *de Propiac*. 2 gros vol. in-12. 4 fr. 75 c. p. 6 fr.

MORCEAUX CHOISIS DE L'HISTOIRE ECCLÉSIASTIQUE DE L'ABBÉ FLEURY, par l'auteur du Rollin de la jeunesse. 2 gros vol. in-12, portraits. 4 fr. 50 c. p. 6 fr.

DICTIONNAIRE ABRÉGÉ ET PORTATIF des langues Française, Latine, Italienne, Espagnole et Portugaise, par *de la Jonchère*. 1 gros vol. in-16. Paris, 1817. 3 fr. 75 c. p. 7 fr. 50 c.

MAGASIN (le) DES ENFANS, ou dialogues d'une sage gouvernante avec ses élèves, par Mme. *Le Prince de Beaumont*; nouvelle édition ornée de 8 charmantes gravures et de 2 cartes géographiques revues par Mme. *Henry Tardieu-Denesle*. 2 gros vol. in-12. Paris, 1813. 4 fr. 50 c. p. 6 fr.

ARNOLDIANA, ou Sophie Arnould et ses contemporains, recueil choisi d'anecdotes piquantes, de reparties et de bons mots de Mlle. Arnould; précédé d'une notice sur sa vie et sur l'Académie royale de musique par l'auteur du Biévriana. 1 gros vol. in-12. portr. *Paris*, 1813. 2 50 c. p. 3 fr. 60, c.

DICTIONNAIRE FÉODAL, 2e. édition, corrigée, et augmentée d'un tableau de l'ancien régime, comparé à l'état actuel de la France, et suivie d'une table générale des matières, par *J.-A.-S. Collin de Plancy*, auteur du Dictionnaire infernal, de l'Histoire de la magie, etc., etc. 2 vol. in-8. *Paris*, 1820. 7 fr. p. 12 fr.

TROIS RÈGNES (les) DE L'HISTOIRE D'ANGLETERRE, précédé d'un précis sur la monarchie depuis la conquête, et suivis d'un tableau abrégé de la constitution et de l'administration anglaise, par M. *Martial Sauquaire-Souligné*. 2 vol. in-8. *Paris*, 1820. 7 p. 12 fr.

MÉMOIRES SUR LA CAPTIVITÉ DE LOUIS XVI ET DE SA FAMILLE, au temple, par *Cléry*, ancien valet de chambre du roi. 1 gros vol. in-18. nouvelle édition. *Paris*, 1819, fig. 1 fr. 25 c. p. 2 fr. 50 c.

HISTOIRE DES CONFERVES D'EAU DOUCE, contenant leurs différens modes de reproduction, et la description de leurs principales espèces, suivie de l'histoire des Trémelles et des Ulves d'eau douce, par *J.-P. Vaucher*, professeur de botanique, membre de la société d'histoire naturelle et de la société des arts de Genève. 1 gros vol. in-4., orné de 17 planches in-4. 10 fr. p. 15 fr.

LETTRES D'HÉLOISE ET D'ABÉLARD, superbe édition en 3 vol. in-4., imprimés sur papier velin, par Didot le jeune, en 1796 et ornés de 8 vignettes, in-4. gravées par les meilleurs artistes de Paris, d'après les dessins et sous la direction de Moreau le jeune. 40 fr. p. 66 fr.

Le même ouvrage, grand papier vélin.; fig. vélin avant la lettre. (1 exemplaire seul, cartonné à la Bradel.) 60 fr. p. 90 fr.

POLITIQUE (la) D'ARISTOTE, traduite du grec par *Ch. Millon.* 3 vol. in-8., portr. 10 fr. p. 15 fr.

CANTATRICE (la) GRAMMAIRIENNE, ou l'art d'apprendre l'orthographe seul, sans le secours d'un maître, par le moyen des chansons érotiques, pastorales, villageoises, anacréontiques, avec un modèle de lettres mêlées de réflexions sur le style épistolaire. Ouvrage destiné aux dames, par l'abbé ***, de Grenoble. 1 gros vol. in-8. 3 fr. p. 5 fr.

CHEFS-D'OEUVRE de poésies philosophiques et descriptives des auteurs qui se sont distingués dans le 18e. siècle, avec une notice sur chacun d'eux, parmi lesquels on distingue Voltaire, l'abbé Delille, Rulhières, Florian, Béranger, Lebrun, Marmontel, Collardeau, La Harpe, Ducis, Fontanes, Imbert, Parny, Dorat, Lemierre, Fr. de Neufchâteau, Sylvain Maréchal, de Langeac, etc., etc. 3 gros volumes in-18, avec titres gravés. *Paris.* 3 fr. 50 c. p. 6 fr.

COURS DE LANGUE ALLEMANDE, à l'aide duquel on peut apprendre cette langue sans avoir besoin de maître; par une société de gens de lettres. 2 gros vol. in-8, grand papier. *Paris*, 1802. 10 fr. p. 18 fr.

DUNCIADE (la), par M. *Palissot*, auteur des Mélanges sur la littérature. 1 vol. in-8. 2 fr. p. 3 fr.

ÉLÉMENS DE LA SCIENCE DU DROIT, à l'usage de toutes les nations et de toutes les classes de citoyens, contenant les premiers principes du droit naturel, du droit des gens et du droit religieux, par *P. Lepage*, ancien jurisconsulte. 2 vol. in-8. 9 fr. 50 c. p. 12 fr.

ESPRIT (l') DES ANCIENS PHILOSOPHES, ou recueil choisi des divers ouvrages de morale, législation, etc., publiés par *Lycurgue*, *Solon*, *Socrate*, etc. 5 gros vol. in-18. 4 fr. p. 6 fr.

FLORA BOREALI AMERICANA, *sistens caracteres plantarum quas in Americâ septentrionali collegit et delexit*, Andreas Michaud, *tabulis Æenis* 51 *ornerata Parisis*, 1803. 2 vol. in-4., grand papier vélin, ornés de 51 fig. 30 fr. 60 fr.

HISTOIRE DE GUSTAVE WASA, roi de Suède, par M. d'*Archenholtz*, ancien capitaine au service de S. M. le roi de Prusse et auteur du tableau de l'Italie, traduit de l'allemand, par le chevalier *de Propiac.* 2 vol. in-8. Portrait. 7 fr. p. 10 fr.

HISTOIRE DES PREMIERS PEUPLES LIBRES qui ont habité la France, par *J.-Ch. Laveaux.* 3 vol. in-8. 1798. 9 fr. p. 12 fr.

HISTOIRE DES VAMPIRES et des spectres malfaisans, avec un examen du vampirisme; 3e. édition augmentée des articles de *Voltaire* sur les vampires. 1 gros vol. in-12. fig. et couvert. Imprimée. *Paris*, 1820. 2 fr. p. 3 fr.

JEUNES (les) VOYAGEURS, ou lettres sur la France, en prose et en vers, par *L. N. A.* et *C. T.* 6 vol. in-18, ornés de 88 fig. 1821. 25 fr. p. 30 fr.

LETTRES SUR L'ITALIE ET LE PIÉMONT, en prose et en vers. 2 vol. in-18., cartes et fig. *Paris*, 1821. 3 fr. 75 c. p. 4 fr. 50 c.

LYCÉE, ou cours de littérature ancienne et moderne, par *La Harpe*; nouvelle édition, publiée en 16 vol. in-8. de l'imprimerie de Firmin Didot. Les deux premiers volumes sont en vente. Prix de chaque volume. 4 fr. 25 c. p. 5 fr.

MÉMOIRES pour servir à l'histoire de notre littérature depuis François Ier. jusqu'à nos jours, par M. *Palissot.* Ouvrage renfermant des détails curieux sur la vie, le caractère et les écrits de nos auteurs modernes, parmi lesquels on distingue Andrieux, Arnaud, Beaumarchais, Bertin, Bitaubé, Boufflers, Chauvelin, André et Marie Chénier, mademoiselle Clairon, Collardeau, Collé, Delille, Ducis, Châteaubriand, Esménard, Fontanes, madame de Genlis, Gilbert, Demoustier, madame Neker, Parny, l'abbé Maury, Mercier, Mirabeau l'aîné, madame Riccoboni, Laujon, Legouvé, La Harpe, Lebrun, Lemierre, Lekain, madame de Maintenon, Malesherbes, Pastoret, Petitot, Picard, Lacépède, madame de Lambert, madame Cottin, Bernardin-de-Saint-Pierre, madame de Stael-Holstein, de Rulhières, etc., etc. 2 gros vol. in-8. *Paris.* 9 fr. p. 12 fr.

NECKER : *Elementa Botanica secundum systema omologicum seu naturale evulgata cum* 63 *æneis tabulis.* 3 vol. in-8. ornés de 63 planches. *Newied*, 1790. 15 fr. p. 24 fr.

NÉOLOGIE, ou vocabulaire des mots nouveaux, à renouveler, ou pris dans des acceptions nouvelles, par *L.-S. Mercier*, membre de l'Institut. 2 vol. in-8. *Paris*, Maradan. 7 fr. p. 10 fr.

OEUVRES COMPLÈTES de J.-J. ROUSSEAU, citoyen de Genève. 39 vol. in-18. fig. *Bruxelles*, de Boubers. 30 f. p. 60 fr.

OEUVRES DE LAROCHEFOUCAULD, marquis de Surgères, lieutenant-colonel des armées du Roi, etc., etc., contenant ses traités sur la guerre, sur les gouvernemens, sur la morale, son voyage en Hollande, etc., etc., imprimés sur les originaux inédits. 1 gros vol. in-8. *Paris*, 1804. 3 fr. 50 c. p. 5 fr.

RÉPERTOIRE DU THÉATRE FRANÇAIS. 60 vol. in-18, imprimés sur beau papier par Pierre Didot l'aîné. Prix de chaque volume. 1 fr. 80 c. p. 2 fr. 25 c.

Le premier volume paraîtra sous peu.

RÊVERIES SUR LA NATURE PRIMITIVE DE L'HOMME, sur ses sensations, sur les moyens de bonheur qu'elles lui indiquent, etc., etc., par *P.-T. Senencourt*; 2e. édition, 1 gros vol. in-8. 3 fr. 50 c. p. 5 fr.

VOYAGE AU CANADA, et dans la partie septentrionale des États-Unis d'Amérique, dans les années 1795 à 1797, traduit de l'anglais d'*Isaac Weld*, et enrichi d'une carte générale du pays, et de onze planches offrant les points de vue les plus remarquables, et principalement le fameux saut de Niagara. 3 vol. in-8. 1811. 14 fr. p. 18 fr.

VOYAGES AUTOUR DU MONDE, et vers les deux poles par terre et par mer, pendant les années 1767, 1768 à 1776, par M. *de Pagès*, capitaine de vaisseau du roi, etc., etc. 2 vol. in-8. *Paris*, Moutard. 7 fr. p. 10 fr.

VOYAGES DE DÉCOUVERTES à l'Océan pacifique du nord, et autour du monde, entrepris par ordre de S. M. britanique, exécutés pendant les années 1790 à 1795 par le capitaine George Vaucouvert; traduit de l'anglais par *Henry*. vol. in-8. accompagnés d'un bel atlas, composé de 17 vues de pays, et un grand nombre de cartes géographiques. 28 fr. p. 36 fr.

ALPHONSE ET MATHILDE; par madame *L. d'E*****. 2 vol. in-12. 1820. 3 fr. 50 c. p. 5 fr.

AMOUR ET RELIGION, histoire morale; par *J. Labbée*, de l'athénée de Lyon. 2 vol. in-12. 3 fr. p. 5 fr.

CAMPO-SANTO (le), ou les effets de la calomnie, nouvelle historique, par *L'homme-Saint-Alphonse*, auteur de l'Enfant de la révolution, ect., etc., dédié à M. Benjamin Constant. 4 vol. in-12. 1820. 5 fr. p. 10 fr.

CAPUCINS (les), ou le secret du cabinet noir, histoire véritable, 4e. édition, corrigée et augmentée, publiée par M. *de Faverolles*, ancien capitaine de dragons. 2 vol. in-12. fig. coloriées. 2 fr. 75 c. p 5 fr.

DEUX (les) BORGNES, ou Lady Justina Dambar, par *Charlotte Bournon-Malarmé*, 2e. édition. 3 vol. in-12. 5 fr. p. 7 50 c.

ESTELLE, pastorale; par *Florian*. 1 vol. in-18. fig. *Paris*, 1819. 75 c. p. 1 fr. 50 c.

LÉOCEY, histoire véritable, ou Lettres contenant les principaux événemens de sa vie, recueillies par elle-même. 2 vol. in-8. 6 fr. p. 9 fr.

LÉONTINE DE WERTELING, par mademoiselle *Adèle Dupuis*. 2 vol. in-12. 1820. 3 fr. 50 c. p. 5 fr.

MÉLANIE, ou le double hymen; par mademoiselle *J. B.* 2 vol. in-12. 3 fr. p. 5 fr.

MÉMOIRES d'un vilain du 14e. siècle, traduits d'un manuscrit de 1369; par *J.-A.-S. Collin de Planey*, auteur du Dictionnaire infernal, du Dictionnaire féodal, de l'Histoire de la magie, etc., etc. 2 vol. in-12. *Paris*, 1820. 3 fr. 50 c. p. 5 fr.

NOUVELLES imitées de Michel Cervantès et autres auteurs espagnols; par *P. Coste*, de Bayonne. 2 vol. in-12. 3 fr. p. 4 fr.

OEUVRES DE M. DARNAUD, contenant les Épreuves du sentiment et Nouvelles historiques. 11 gros vol. in-12. *Paris*, Maradan. 12 fr. p. 33 fr.

SOPHIE, ou mon voyage à Besançon; par M. *de Sales*. 2 vol. in-12. 2 fr. 50 c. p. 4 fr.

TROIS (les) GÉNÉRATIONS, ou Drussilla, Wilhelmina et Georgia; par *Charlotte Bournon-Malarmé*, de l'académie des arcades de Rome. 3 vol. in-12. 5 fr. p. 8 fr.

TROIS (les) MOINES, par M. *de Faverolles*. 2 vol. in-18. fig. coloriées. 2 fr. p. 4 fr.

VEILLE (la) DU DÉPART; par M. *Lhomme-Saint-Alphonse*, auteur de l'Enfant de la révolution, du Campo, Santo, etc., etc. 2 gros vol. in-12. *Paris*, 1820. 3 fr. 50 c. p. 5 fr.

OUVRAGES DE M. NICOLAS LEROY,

Prêtre, licencié en théologie de l'université de Rennes, ci-devant curé de Marville ;

1°. DANIEL DANS LA FOSSE AUX LIONS ; tragédie en 5 actes ; in-8. 1821. 2 fr. 50 c. p. 3 fr.

2°. SAINT-LOUIS, prisonnier en Égypte, tragédie en 5 actes ; in-8. 1820. 2 fr. 50 c. p. 3 fr.

3°. PROPHÉTIE MERVEILLEUSE, connue depuis long-temps dans toute la Prusse, trouvée en 1545 dans le tombeau d'un religieux 300 ans après sa mort ; traduite du latin en français, avec des notes sur chaque article ; in-8. 1820. 1 fr. 25 c. p. 1 fr. 50 c.

4°. CATÉCHISME en cantiques français, utiles aux enfans des petites écoles, pour les disposer à faire leur première communion ; in-8. 1820. 1 fr. 25 c. p. 1 fr. 50 c.

5°. LE SON LA TROMPETTE, ou avis sur la proximité de la grande tribulation prédite par tous les prophètes sacrés, pour la fin des temps, donné avec bonne intention par *Nicolas Leroy* (par *anagramme* dit *conseil royal*). in-8. 1821. 1 fr. 50 c. p. 2fr.

6°. *CLANGOR TUBÆ*, *de vicinitate tribulationis horrendæ à deo prædictæ pro fine temporum*. in-8. 1821. 1 fr. 25 c. p. 1 fr. 50 c.

IMPRIMERIE DE FAIN, RUE RACINE, PRÈS LA PLACE DE L'ODÉON.

www.ingramcontent.com/pod-product-compliance
Lightning Source LLC
LaVergne TN
LVHW050218180726
843501LV00013BA/2154

9782329651972